Cuaderno de práctica de los estándares

para la casa o la escuela

Grado 3

INCLUYE:

- Práctica para la casa o la escuela
- Práctica de la lección y preparación para las pruebas
- Cartas para la casa en español y en inglés
- Lecciones de preparación para el Grado 4

Houghton Mifflin Harcourt

Printed in the U.S.A.

ISBN 978-0-544-31435-1

1 2 3 4 5 6 7 8 9 10   0982   22 21 20 19 18 17 16 15 14

4500477247   A B C D E F G

ÁREA DE ATENCIÓN

Operaciones con números enteros

 ESTÁNDARES COMUNES **Critical Area** Developing understanding of multiplication and division and strategies for multiplication and division within 100

1 Suma y resta hasta 1,000

Áreas Operaciones y razonamiento algebraico
Operaciones con números de base diez
Estándares comunes 3.OA.8, 3.OA.9, 3.NBT.1, 3.NBT.2

2 Representar e interpretar datos

Área Medición y datos
Estándares comunes 3.MD.3, 3.MD.4

3 Comprender la multiplicación

Área Operaciones y razonamiento algebraico
Estándares comunes 3.OA.1, 3.OA.3, .3.OA.5, 3.OA.8

4 Estrategias y operaciones de multiplicación

Área Operaciones y razonamiento algebraico
Estándares comunes 3.OA.3, 3.OA.5, 3.OA.7, 3.OA.8, 3.OA.9

5 Usar operaciones de multiplicación

Áreas Operaciones y razonamiento algebraico
Operaciones con números de base diez
Estándares comunes 3.OA.4, 3.OA.9, 3.NBT.3

6 Comprender la división

Área Operaciones y razonamiento algebraico
Estándares comunes 3.OA.2, 3.OA.3, 3.OA.5, 3.OA.6, 3.OA.7

7 Estrategias y operaciones de división

Área Operaciones y razonamiento algebraico
Estándares comunes 3.OA.3, 3.OA.4, 3.OA.7, 3.OA.8

Fracciones

 Critical Area Developing understanding of fractions, especially unit fractions (fractions with numerator 1)

8 Comprender las fracciones

Área Números y operaciones: Fracciones
Estándares comunes 3.NF.1, 3.NF.2a, 3.NF.2b, 3.NF.3c

9 Comparar fracciones

Área Números y operaciones: Fracciones
Estándares comunes 3.NF.3a, 3.NF.3b, 3.NF.3d

ÁREA DE ATENCIÓN — Medición

ESTÁNDARES COMUNES **Critical Area** Developing understanding of the structure of rectangular arrays and of area

10 Hora, longitud, volumen de un líquido y masa

Área Medición y datos
Estándares comunes 3.MD.1, 3.MD.2, 3.MD.4

11 Perímetro y área

Área Medición y datos
Estándares comunes 3.MD.5, 3.MD.5a, 3.MD.6, 3.MD.7, 3.MD.7a, 3.MD.7b, 3.MD.7c, 3.MD.7d, 3.MD.8

ÁREA DE ATENCIÓN Geometría

 ESTÁNDARES COMUNES **Critical Area** Describing and analyzing two-dimensional shapes

12 Figuras bidimensionales

Área Geometría
Estándares comunes 3.G.1, 3.G.2

Recursos de fin de año

Preparación para el Grado 4

Estas lecciones son un repaso de destrezas importantes y te preparan para el Grado 4.

© Houghton Mifflin Harcourt Publishing Company

Carta para la casa

Vocabulario

estimación Un número cercano a una cantidad exacta

números compatibles Números fáciles de calcular mentalmente cercanos a los números reales

Querida familia:

Durante las próximas semanas, en la clase de matemáticas aprenderemos a usar números hasta las centenas para estimar y resolver problemas de suma y resta.

El estudiante llevará a casa tareas para practicar la suma y la resta de números, y para estimar sumas y diferencias.

Este es un ejemplo de cómo se le enseñará a estimar sumas.

🔑 MODELO Estima sumas

Estos son dos métodos que usaremos para estimar sumas.

$367 + 512 = \blacksquare$

Usa el redondeo.

PASO 1

Redondea los números a la centena más próxima.

$367 \rightarrow 400$
$+ 512 \rightarrow 500$

PASO 2

Suma los números redondeados.

400
$+ 500$
$\overline{900}$

Usa números compatibles.

PASO 1

Halla un número compatible para cada sumando.

$105 \rightarrow 100$
$+ 362 \rightarrow 400$

PASO 2

Suma los números mentalmente.

100
$+ 400$
$\overline{500}$

Pistas

Elegir números compatibles para estimar sumas y diferencias

Un número puede tener más de un número compatible. Por ejemplo, un número compatible para 362 puede ser 350 ó 400. Cualquiera de los números con el que sea más fácil sumar o restar mentalmente sirve para hacer estimaciones.

Actividad

Dé a su niño libros que tengan muchas páginas (con números de 3 dígitos). Pídale que use el redondeo y los números compatibles para estimar la cantidad total de páginas de dos libros y para comparar cuántas más páginas tiene un libro con respecto al otro.

Chapter 1

School-Home Letter

© Houghton Mifflin Harcourt Publishing Company

Vocabulary

estimate A number close to an exact amount.

compatible numbers Numbers that are easy to compute mentally and are close to the real numbers.

Dear Family,

During the next few weeks, our math class will be learning to estimate and solve addition and subtraction problems using numbers through hundreds.

You can expect to see homework that provides practice with adding and subtracting numbers as well as estimating sums and differences.

Here is a sample of how your child will be taught to estimate sums.

🔑 MODEL Estimate Sums

These are two methods we will be using to estimate sums.

$367 + 512 = \blacksquare$

Use rounding.

STEP 1

Round each number to the nearest hundred.

$367 \rightarrow 400$
$+ 512 \rightarrow 500$

STEP 2

Add the rounded numbers.

400
$+ 500$
$\overline{900}$

Use compatible numbers.

STEP 1

Find a compatible number for each addend.

$105 \rightarrow 100$
$+ 362 \rightarrow 400$

STEP 2

Add the numbers mentally.

100
$+ 400$
$\overline{500}$

Tips

Choosing Compatible Numbers to Estimate Sums and Differences

A number may have more than one compatible number. For example, a compatible number for 362 could be 350 or 400. Whichever numbers are easiest to add or subtract mentally are the best ones to use for estimations.

Activity

Provide books with large numbers of pages (3-digit numbers). Have your child use rounding and compatible numbers to estimate the total number of pages in the two books and compare how many more pages one book has than the other.

Patrones numéricos

ESTÁNDAR COMÚN 3.OA.9
Solve problems involving the four operations, and identify and explain patterns in arithmetic.

Halla la suma. Luego usa la propiedad conmutativa de la suma y escribe el enunciado de suma relacionado.

1. 9 + 2 = **11**

2 + **9** = **11**

4. 3 + 10 = ___

___ + ___ = ___

7. 8 + 9 = ___

___ + ___ = ___

2. 4 + 7 = ___

___ + ___ = ___

5. 6 + 7 = ___

___ + ___ = ___

8. 0 + 4 = ___

___ + ___ = ___

3. 3 + 6 = ___

___ + ___ = ___

6. 7 + 5 = ___

___ + ___ = ___

9. 9 + 6 = ___

___ + ___ = ___

¿La suma es par o impar? Escribe *par* o *impar*.

10. 5 + 2 _____

11. 6 + 4 _____

12. 1 + 0 _____

13. 5 + 5 _____

14. 3 + 8 _____

15. 7 + 7 _____

Resolución de problemas

16. Ada escribe 10 + 8 = 18 en la pizarra. María quiere usar la propiedad conmutativa de la suma para volver a escribir el enunciado de suma de Ada. ¿Qué enunciado numérico debe escribir María?

_____

_____

17. Jackson dice que tiene un número impar de carros de juguete. Tiene 6 carros en un estante y 8 carros en otro estante. ¿Tiene razón? Explícalo.

_____

_____

_____

Revisión de la lección (3.OA.9)

1. Marvella escribe el problema $5 + 6$. ¿La suma es par o impar?

2. ¿En qué enunciado numérico se muestra la propiedad conmutativa de la suma?

$$3 + 9 = 12$$

_____

Repaso en espiral (Repaso de 2.MD.3, 2.MD.8, 2.MD.10)

3. Amber tiene 2 monedas de 25¢, una moneda de 10¢ y 3 monedas de 1¢. ¿Cuánto dinero tiene Amber?

4. Josh estima la altura de su escritorio. ¿Cuál podría ser una estimación razonable

_____

_____

Usa la gráfica de barras para responder las preguntas 5 y 6.

5. ¿Quién leyó la mayor cantidad de libros?

_____

6. ¿Quién leyó 3 libros más que Bob?

_____

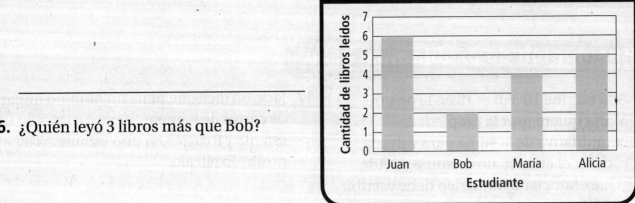

Libros leídos

Nombre _____

Redondear a la decena o centena más próxima

ESTÁNDAR COMÚN 3.NBT.1
Use place value understanding and properties of operations to perform multi-digit arithmetic.

**Ubica y rotula 739 en la recta numérica.
Redondea a la centena más próxima.**

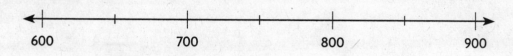

600   700   800   900

1. 739 está entre <u>**700**</u> y <u>**800**</u>.

2. 739 está más cerca de _____ que de _____.

3. 739 redondeado a la centena más próxima es _____.

Redondea a la decena y a la centena más próxima.

4. 363 _____

5. 829 _____

6. 572 _____

_____

_____

_____

7. 209 _____

8. 663 _____

9. 949 _____

_____

_____

_____

10. 762 _____

11. 399 _____

12. 402 _____

_____

_____

_____

 Resolución de problemas En el mundo

13. Los elefantes bebés pesan 435 libras. ¿Cuál es su peso redondeado a la centena de libra más próxima?

14. Jayce vendió 218 vasos de limonada en su puesto de limonada. ¿Cuánto es 218 redondeado a la decena más próxima?

_____

_____

Revisión de la lección (3.NBT.1)

1. Un día, 758 personas visitaron la Casa de los Monos en el zoológico. ¿Cuánto es 758 redondeado a la centena más próxima?

_____

2. Sami pidió 132 vestidos para su tienda. ¿Cuánto es 132 redondeado a la decena más próxima?

_____

Repaso en espiral (Repaso de 2.G.1, 2.G.3; 3.OA.9)

3. ¿Qué propiedad describe el enunciado numérico?

$$6 + 0 = 6$$

_____

4. Esta suma, ¿es par o impar?: 2 + 6

_____

5. ¿Qué nombre describe a esta figura?

6. ¿Qué palabra describe las partes iguales de la figura?

Nombre _____

Estimar sumas

ESTÁNDAR COMÚN 3.NBT.1
Use place value understanding and properties
of operations to perform multi-digit arithmetic.

Usa números compatibles o el redondeo para estimar la suma.

1.
$$
\begin{array}{r} 198 \\ + 727 \end{array}
\quad
\begin{array}{r} \mathbf{200} \\ + \mathbf{725} \\ \hline \mathbf{925} \end{array}
$$

2.
$$
\begin{array}{r} 87 \\ + 34 \end{array}
\quad +\;\underline{\hspace{2cm}}
$$

3.
$$
\begin{array}{r} 222 \\ + 203 \end{array}
\quad +\;\underline{\hspace{2cm}}
$$

4.
$$
\begin{array}{r} 52 \\ + 39 \end{array}
\quad +\;\underline{\hspace{2cm}}
$$

5.
$$
\begin{array}{r} 256 \\ + 321 \end{array}
\quad +\;\underline{\hspace{2cm}}
$$

6.
$$
\begin{array}{r} 302 \\ + 412 \end{array}
\quad +\;\underline{\hspace{2cm}}
$$

7.
$$
\begin{array}{r} 519 \\ + 124 \end{array}
\quad +\;\underline{\hspace{2cm}}
$$

8.
$$
\begin{array}{r} 790 \\ + 112 \end{array}
\quad +\;\underline{\hspace{2cm}}
$$

9.
$$
\begin{array}{r} 547 \\ + 326 \end{array}
\quad +\;\underline{\hspace{2cm}}
$$

10. $325 + 458$

_____ + _____ = _____

11. $620 + 107$

_____ + _____ = _____

Resolución de problemas En el mundo

12. Stephanie leyó 72 páginas el domingo y 83 páginas el lunes. ¿Alrededor de cuántas páginas leyó Stephanie durante los dos días?

_____

13. Matt recorrió 345 millas en bicicleta el mes pasado. Este mes recorrió 107 millas. En total, ¿alrededor de cuántas millas recorrió Matt en bicicleta el mes pasado y este mes?

_____

Revisión de la lección (3.NBT.1)

1. La familia McBride recorrió 317 millas en un día y 289 millas el día siguiente. ¿Cuántas millas estimas que manejó la familia McBride en esos dos días?

_____

2. La semana pasada, Ryan contó 63 aves en su jardín trasero. Esta semana, contó 71 aves en su jardín trasero. ¿Alrededor de cuántas aves contó Ryan en total?

_____

Repaso en espiral (Repaso de 2.G.1; 3.NBT.1, 3.OA.9)

3. ¿Qué nombre describe a esta figura?

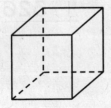

_____

4. Esta suma, ¿es par o impar?: 6 + 7

_____

5. ¿Cuánto es 503 redondeado a la centena más próxima?

_____

6. ¿Cuánto es 645 redondeado a la decena más próxima?

_____

Nombre _____

Estrategias de cálculo mental para sumar

ESTÁNDAR COMÚN 3.NBT.2
Use place value understanding and properties of operations to perform multi-digit arithmetic.

Cuenta de decena en decena y de unidad en unidad para hallar la suma. Usa la recta numérica para mostrar tu razonamiento.

1. $29 + 14 =$ __43__

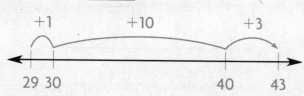

```
     +1            +10              +3
   ┌─┐     ┌──────────────┐     ┌──────┐
   29 30                  40     43
```

2. $36 + 28 =$ _____

3. $45 + 26 =$ _____

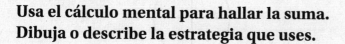

4. $52 + 34 =$ _____

Usa el cálculo mental para hallar la suma. Dibuja o describe la estrategia que uses.

5. $52 + 19 =$ _____

6. $122 + 306 =$ _____

Resolución de problemas

7. Shelley tardó 17 minutos en lavar los platos y 38 minutos en limpiar su recámara. Explica cómo puedes usar el cálculo mental para hallar cuánto tiempo dedicó Shelley a ambas tareas.

_____

_____

_____

8. Marty tardó 42 minutos en escribir el informe de un libro. Luego tardó 18 minutos en corregir su informe. Explica cómo puedes usar el cálculo mental para hallar cuánto tiempo dedicó Marty a su informe del libro.

_____

_____

_____

Revisión de la lección (3.NBT.2)

1. Sylvia gastó 36¢ en un lápiz y 55¢ en un anotador. Usa el cálculo mental para hallar cuánto gastó en total.

_____

2. Will tardó 24 minutos en armar un avión de juguete. Luego tardó 48 minutos en pintarlo. ¿Cuánto tiempo dedicó Will al avión de juguete?

_____

Repaso en espiral (Repaso de 2.G.1, 2.G.3; 3.OA.9, 3.NBT.1)

3. ¿Qué nombre describe a esta figura?

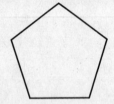

_____

4. ¿Qué palabra describe las partes iguales de la figura?

_____

5. Tammy escribió el problema 5 + 6. El resultado de la suma es par o impar?

_____

6. Greg contó 83 carros y 38 camionetas en el estacionamiento del centro comercial. ¿Cuál es la mejor estimación de la cantidad total de carros y camionetas que contó Greg?

_____

Usar propiedades para sumar

ESTÁNDAR COMÚN   3.NBT.2
Use place value understanding and properties of operations to perform multi-digit arithmetic.

Usa propiedades y estrategias para hallar la suma.

1. $34 + 62 + 51 + 46 =$ __**193**__

$$
\begin{array}{c}
34 \\
46 \\
62 \\
+51 \\
\hline
193
\end{array}
$$

34 ⟩ 10
10 ⟨ 46
62

2. $27 + 68 + 43 =$ _____

3. $42 + 36 + 18 =$ _____

4. $74 + 35 + 16 + 45 =$ _____

5. $41 + 26 + 149 =$ _____

6. $52 + 64 + 28 + 44 =$ _____

Resolución de problemas · En el mundo

7. Un refugio para mascotas tiene 26 perros, 37 gatos y 14 jerbos. ¿Cuántos animales hay en total en el refugio para mascotas?

8. El refugio para mascotas compró 85 libras de alimento para perros, 50 libras de alimento para gatos y 15 libras de alimento para jerbos. ¿Cuántas libras de alimento para animales compró el refugio?

_____

_____

Revisión de la lección

1. En un campamento de verano, hay 52 niños, 47 niñas y 18 adultos. ¿Cuántas personas hay en el campamento de verano?

_____

2. En el campamento, 32 niños están nadando, 25 están pescando y 28 hacen piragüismo. ¿Cuántos niños están nadando, pescando o haciendo piragüismo?

_____

Repaso en espiral (Repaso de 2.MD.3; 3.NBT.1)

3. Hank hizo una estimación del ancho de la puerta de su salón de clases en pies. ¿Cuál es una estimación razonable?

_____

4. Garth hizo una estimación de la altura de la puerta de su salón de clases en metros. ¿Cuál es una estimación razonable?

_____

5. El perro de Jeff pesa 76 libras. ¿Cuál es el peso del perro redondeado a la decena de libra más próxima?

_____

6. La Srta. Kirk manejó 164 millas por la mañana y 219 millas por la tarde. ¿Cuál es la mejor estimación de la cantidad total de millas que manejó ese día?

_____

Nombre _____

Usar la estrategia de descomponer para sumar

ESTÁNDAR COMÚN 3.NBT.2
Use place value understanding and properties of operations to perform multi-digit arithmetic.

Estima. Luego usa la estrategia de descomponer para hallar la suma.

1. Estimación: ___800___

$$
\begin{array}{rcl}
325 &=& 300 + 20 + 5 \\
+\ 494 &=& 400 + 90 + 4 \\
\hline
&& 700 + 110 + 9
\end{array}
$$

2. Estimación: _____

$$
\begin{array}{rcl}
518 &=& \\
+\ 372 &=& \\
\end{array}
$$

3. Estimación: _____

$$
\begin{array}{rcl}
473 &=& \\
+\ 123 &=& \\
\end{array}
$$

4. Estimación: _____

$$
\begin{array}{rcl}
208 &=& \\
+\ 569 &=& \\
\end{array}
$$

5. Estimación: _____

$$
\begin{array}{rcl}
731 &=& \\
+\ 207 &=& \\
\end{array}
$$

6. Estimación: _____

$$
\begin{array}{rcl}
495 &=& \\
+\ 254 &=& \\
\end{array}
$$

Resolución de problemas

Usa la tabla para responder las preguntas 7 y 8.

7. Laura está construyendo un edificio con el conjunto A y el conjunto C. ¿Cuántos bloques puede usar en su edificio?

_____

8. Clark está construyendo un edificio con el conjunto B y el conjunto C. ¿Cuántos bloques puede usar en su edificio?

_____

Bloques de construcción	
Conjunto	**Cantidad de bloques**
A	165
B	188
C	245

Revisión de la lección (3.NBT.2)

1. Arthur leyó dos libros la semana pasada. Uno de los libros tiene 216 páginas. El otro libro tiene 327 páginas. En total, ¿cuántas páginas hay en los dos libros?

2. El esqueleto de un museo tiene 189 huesos. Otro esqueleto tiene 232 huesos. ¿Cuántos huesos en total hay en los dos esqueletos?

Repaso en espiral (Repaso de 2.MD.8; 3.OA.9, 3.NBT.2)

3. Culver tiene 1 moneda de 25¢, 3 monedas de 10¢ y una moneda de 1¢. ¿Cuánto dinero tiene?

4. Felicia tiene 34 monedas de 25¢, 25 monedas de 10¢ y 36 monedas de 1¢. ¿Cuántas monedas tiene Felicia?

5. Jonás escribió $9 + 8 = 17$. ¿En qué enunciado numérico se muestra la propiedad conmutativa de la suma?

6. En la Escuela Kennedy, hay 37 niñas y 36 niños en tercer grado. ¿Cuántos estudiantes hay en tercer grado en la Escuela Kennedy?

Nombre _____

Usar el valor posicional para sumar

ESTÁNDAR COMÚN 3.NBT.2
Use place value understanding and properties of operations to perform multi-digit arithmetic.

Estima. Luego halla la suma.

1. Estimación:

   <u>600</u>

   $\overset{1}{}$
   324
   + 285
   ____
   609

2. Estimación:

   _____

   519
   + 347
   ____

3. Estimación:

   _____

   323
   + 151
   ____

4. Estimación:

   _____

   169
   + 354
   ____

5. Estimación:

   _____

   148
   + 285
   ____

6. Estimación:

   _____

   270
   + 453
   ____

7. Estimación:

   _____

   275
   + 116
   ____

8. Estimación:

   _____

   157
   + 141
   ____

9. Estimación:

   _____

   127
   + 290
   ____

10. Estimación:

    _____

    258
    + 565
    ____

11. Estimación:

    _____

    311
    + 298
    ____

12. Estimación:

    _____

    534
    + 256
    ____

Resolución de problemas En el mundo

13. Mark tiene 215 tarjetas de béisbol. Emily tiene 454 tarjetas de béisbol. ¿Cuántas tarjetas de béisbol tienen Mark y Emily en total?

14. Jason tiene 330 monedas de 1¢. Richie tiene 268 monedas de 1¢. Rachel tiene 381 monedas de 1¢. ¿Qué dos estudiantes tienen juntos más de 700 monedas de 1¢?

_____

_____

Revisión de la lección (3.NBT.2)

1. En tercer grado, hay 167 estudiantes. En cuarto grado, hay igual cantidad de estudiantes. ¿Cuántos estudiantes de tercer y cuarto grado hay en total?

2. Jamal leyó un libro que tiene 128 páginas. Luego leyó un libro que tiene 179 páginas. ¿Cuántas páginas leyó Jamal en total?

Repaso en espiral (3.NBT.1, 3.NBT.2)

3. Adam recorre 248 millas el lunes. El martes, recorre 167 millas. ¿Cuál es la mejor estimación de la cantidad total de millas que recorre Adam?

4. Wes ganó $14, $62, $40 y $36 por cortar el césped de algunos jardines. ¿Cuánto ganó en total por cortar el césped?

5. Hay 24 estudiantes en la clase de la maestra Correa y 19 estudiantes en la clase del maestro Garmen. ¿Cuántos estudiantes en total hay en las dos clases?

6. En el partido de béisbol del domingo hubo 475 niños. ¿Cuánto es 475 redondeado a la decena más próxima?

© Houghton Mifflin Harcourt Publishing Company

Nombre _____

Estimar diferencias

ESTÁNDAR COMÚN 3.NBT.2
Use place value understanding and properties
of operations to perform multi-digit arithmetic.

Usa números compatibles o el redondeo para estimar la diferencia.

1.
$$\begin{array}{r} 40 \\ -\ 13 \\ \hline \end{array}\qquad \begin{array}{r} 40 \\ -\ 10 \\ \hline 30 \end{array}$$

2.
$$\begin{array}{r} 762 \\ -\ 332 \\ \hline \end{array}$$ ____

3.
$$\begin{array}{r} 823 \\ -\ 242 \\ \hline \end{array}$$ ____

4.
$$\begin{array}{r} 98 \\ -\ 49 \\ \hline \end{array}$$ ____

5.
$$\begin{array}{r} 287 \\ -\ 162 \\ \hline \end{array}$$ ____

6.
$$\begin{array}{r} 359 \\ -\ 224 \\ \hline \end{array}$$ ____

7.
$$\begin{array}{r} 68 \\ -\ 31 \\ \hline \end{array}$$ ____

8.
$$\begin{array}{r} 476 \\ -\ 155 \\ \hline \end{array}$$ ____

9.
$$\begin{array}{r} 622 \\ -\ 307 \\ \hline \end{array}$$ ____

10. $771 - 531$

____ $-$ ____ $=$ ____

11. $299 - 61$

____ $-$ ____ $=$ ____

Resolución de problemas En el mundo

12. Benjamín tiene una colección de 812 estampillas. Le da a su hermano 345 estampillas. ¿Alrededor de cuántas estampillas le quedan a Benjamín?

_____

13. En septiembre, se vendieron 284 barras de pan en la panadería de Savannah. En octubre, se vendieron 89 barras de pan. ¿Alrededor de cuántas barras de pan más se vendieron en septiembre que en octubre en la panadería de Savannah?

Revisión de la lección (3.NBT.1)

1. Jorge tiene 708 tarjetas de béisbol y 394 tarjetas de básquetbol. ¿Alrededor de cuántas tarjetas de béisbol más que tarjetas de básquetbol tiene Jorge?

_____

2. Danika está armando collares. Tiene 512 cuentas plateadas y 278 cuentas azules. ¿Alrededor de cuántas cuentas plateadas más que cuentas azules tiene Danika?

_____

Repaso en espiral (3.NBT.1, 3.NBT.2)

3. El gerente de una tienda pidió 402 gorras de béisbol y 122 gorras de esquí. ¿Cuál es la mejor estimación de la cantidad total de gorras que pidió el gerente?

_____

4. Autumn recolectó 129 conchas marinas en la playa. ¿Cuánto es 129 redondeado a la decena más próxima?

_____

5. Halla la suma.

$$585 + 346$$

6. Julie ganó $22, $55, $38 y $25 por cuidar niños. ¿Cuánto dinero ganó en total por cuidar niños?

_____

Estrategias de cálculo mental para restar

ESTÁNDAR COMÚN 3.NBT.2
Use place value understanding and properties of operations to perform multi-digit arithmetic.

Usa el cálculo mental para hallar la diferencia.
Dibuja o describe la estrategia que uses.

1. $74 - 39 =$ __35__

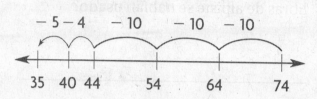

2. $93 - 28 =$ _____

3. $51 - 9 =$ _____

4. $76 - 23 =$ _____

5. $357 - 214 =$ _____

6. $285 - 99 =$ _____

Resolución de problemas

7. Ruby tiene 78 libros. Treinta y uno de esos libros están en estantes. El resto aún se encuentra embalado en cajas. ¿Cuántos libros de Ruby aún se encuentran embalados en cajas?

8. Kyle tiene 130 insignias en su colección. Tiene 76 de esas insignias exhibidas en la pared. El resto está en un cajón. ¿Cuántas insignias de Kyle están en un cajón?

_____

_____

Revisión de la lección

1. Un día, un panadero preparó 54 tartas de fruta. Al final del día, solo 9 tartas quedaron SIN vender. ¿Cuántas tartas se vendieron ese día?

_____

2. El padre de George compró una bolsa de 50 libras de alpiste para aves silvestres. Al cabo de dos semanas, quedaban 36 libras de alpiste en la bolsa. ¿Cuántas libras de alpiste se habían usado?

_____

Repaso en espiral (3.NBT.1, 3.NBT.2)

3. Para una fiesta, Shaun infló 36 globos rojos, 28 globos blancos y 24 globos azules. ¿Cuántos globos infló en total?

_____

4. Tiffany leyó 115 páginas de su libro. Le quedan 152 páginas por leer. ¿Cuántas páginas hay en el libro?

_____

5. El lunes, la tienda de flores tenía 568 flores. Para el martes, quedaban 159 flores. ¿Alrededor de cuántas flores se habían vendido?

_____

6. En uno de los sectores de la biblioteca de la escuela, hay 383 libros. De esos libros, 165 son de ficción. ¿Cuál es la mejor estimación de la cantidad de libros que hay en ese sector y que NO son de ficción?

_____

Nombre _____

Usar el valor posicional para restar

ESTÁNDAR COMÚN 3.NBT.2
*Use place value understanding and properties
of operations to perform multi-digit arithmetic.*

Estima. Luego halla la diferencia.

1. Estimación:

500

$$
\begin{array}{r}
7\ 15 \\
5\overset{}{8}\overset{}{5} \\
-\ 119 \\
\hline
\end{array}
$$

2. Estimación: ____

$$
\begin{array}{r}
738 \\
-\ 227 \\
\hline
\end{array}
$$

3. Estimación: ____

$$
\begin{array}{r}
651 \\
-\ 376 \\
\hline
\end{array}
$$

4. Estimación: ____

$$
\begin{array}{r}
815 \\
-\ 281 \\
\hline
\end{array}
$$

5. Estimación: ____

$$
\begin{array}{r}
487 \\
-\ 290 \\
\hline
\end{array}
$$

6. Estimación: ____

$$
\begin{array}{r}
936 \\
-\ 329 \\
\hline
\end{array}
$$

7. Estimación: ____

$$
\begin{array}{r}
270 \\
-\ 128 \\
\hline
\end{array}
$$

8. Estimación: ____

$$
\begin{array}{r}
364 \\
-\ 177 \\
\hline
\end{array}
$$

9. Estimación: ____

$$
\begin{array}{r}
627 \\
-\ 253 \\
\hline
\end{array}
$$

10. Estimación: ____

$$
\begin{array}{r}
862 \\
-\ 419 \\
\hline
\end{array}
$$

11. Estimación: ____

$$
\begin{array}{r}
726 \\
-\ 148 \\
\hline
\end{array}
$$

12. Estimación: ____

$$
\begin{array}{r}
543 \\
-\ 358 \\
\hline
\end{array}
$$

Resolución de problemas

13. La Sra. Cohen tiene 427 botones. Usa 195 botones para hacer títeres. ¿Cuántos botones le quedan a la Sra. Cohen?

_____

14. En el puesto de agricultores, se vendieron 625 mazorcas de maíz y 247 tomates. ¿Cuántas mazorcas de maíz más que tomates se vendieron?

_____

Revisión de la lección (3.NBT.2)

1. El sábado, 453 personas asisten a la obra de teatro de la escuela. El domingo, 294 personas asisten a la obra de teatro. ¿Cuántas personas más asisten a la obra de teatro el sábado?

_____

2. Corey tiene 510 canicas. Rellena un frasco con 165 canicas. ¿Cuántas de las canicas de Corey NO están en el frasco?

_____

Repaso en espiral (CC.3.NBT.1, CC.3.NBT.2)

3. Pattie llevó 64 pimientos para vender en el mercado de agricultores. Al final del día, quedaban 12 pimientos. ¿Cuántos pimientos vendió Pattie?

_____

4. Un avión recorre 617 millas por la mañana. Luego recorre 385 millas por la tarde. ¿Alrededor de cuántas millas más recorre el avión por la mañana?

_____

5. ¿Cuál es el número desconocido?

$$(\blacksquare + 4) + 59 + 70$$

_____

6. Dexter tiene 128 conchas. Necesita 283 conchas más para su proyecto de arte. ¿Cuántas conchas usará Dexter para su proyecto de arte?

_____

Nombre _____

Combinar valores posicionales para restar

ESTÁNDAR COMÚN 3.NBT.2
Use place value understanding and properties of operations to perform multi-digit arithmetic.

Estima. Luego halla la diferencia.

1. Estimación:
_200_

$$476 - 269$$

2. Estimación:
_____

$$615 - 342$$

3. Estimación:
_____

$$508 - 113$$

4. Estimación:
_____

$$716 - 229$$

5. Estimación:
_____

$$700 - 326$$

6. Estimación:
_____

$$325 - 179$$

7. Estimación:
_____

$$935 - 813$$

8. Estimación:
_____

$$358 - 292$$

9. Estimación:
_____

$$826 - 617$$

10. Estimación:
_____

$$900 - 158$$

11. Estimación:
_____

$$607 - 568$$

12. Estimación:
_____

$$973 - 869$$

Resolución de problemas

13. Bev anotó 540 puntos. Esto es 158 puntos más que los que anotó Ike. ¿Cuántos puntos anotó Ike?

14. Un grupo de jóvenes ganó $285 por lavar carros. Los gastos del grupo fueron $79. ¿Cuánta ganancia obtuvo el grupo por lavar carros?

_____

Revisión de la lección (3.NBT.2)

1. Un programa de televisión dura 120 minutos. De ese tiempo, los comerciales ocupan 36 minutos. ¿Cuánto dura el programa en sí, sin los comerciales?

_____

2. Syd estuvo 215 minutos en la biblioteca. De ese tiempo, estuvo 120 minutos frente a la computadora. ¿Qué cantidad del tiempo que Syd estuvo en la biblioteca NO estuvo frente a la computadora?

_____

Repaso en espiral (3.NBT.1, 3.NBT.2)

3. El hermano mayor de Xavier tiene 568 canciones en su reproductor de música. Redondeado a la centena más próxima, ¿alrededor de cuántas canciones hay en el reproductor de música?

_____

4. Los estudiantes viajaron al zoológico en 3 autobuses. En un autobús fueron 47 estudiantes. En el segundo autobús fueron 38 estudiantes. En el tercer autobús fueron 43 estudiantes. ¿Cuántos estudiantes en total fueron en los tres autobuses?

_____

5. Callie tiene 83 tarjetas postales en su colección. De esas tarjetas, 24 son de Canadá. El resto de las tarjetas son de los Estados Unidos. ¿Cuántas tarjetas postales son de los Estados Unidos?

_____

6. Para la obra de teatro de la escuela, se habían colocado 475 sillas. En una de las funciones, 189 sillas estuvieron vacías. ¿Cuántas sillas estuvieron ocupadas en esa función?

_____

Resolución de problemas • Representar la suma y la resta

ESTÁNDAR COMÚN 3.OA.8
Solve problems involving the four operations, and identify and explain patterns in arithmetic.

Usa el modelo de barras para resolver el problema.

1. Elena fue a jugar a los bolos. El puntaje de Elena en el primer partido fue 127. En el segundo partido anotó 16 puntos más que en el primero. ¿Cuál fue su puntaje total?

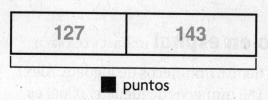

127	16

▲ puntos

127	143

■ puntos

$127 + 16 = ▲$
$143 = ▲$

$127 + 143 = ■$
$270 = ■$

__270 puntos__

2. En la tienda La Música de Mike, se vendieron 287 CD el primero de 2 días de ofertas. El segundo día, en la tienda se vendieron 96 CD más que el primer día. ¿Cuántos CD se vendieron en total durante los 2 días de ofertas?

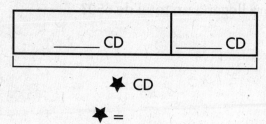

____ CD	____ CD

★ CD

★ =

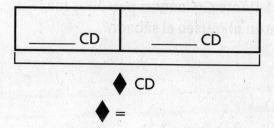

____ CD	____ CD

◆ CD

◆ =

_____

Revisión de la lección

1. El viernes, la Srta. Hinely recolectó 46 tomates de su huerta. El sábado, recolectó 17 tomates. ¿Cuántos tomates recolectó en total?

_____

2. Rosa leyó 57 páginas de un libro por la mañana. Leyó 13 páginas menos por la tarde. ¿Cuántas páginas leyó Rosa por la tarde?

_____

Repaso en espiral (CC.3.NBT.1, CC.3.NBT.2)

3. Mike tiene 57 muñecos de juguete. Álex tiene 186 muñecos de juguete. ¿Cuál es la mejor estimación de la cantidad de muñecos de juguete que Mike y Álex tienen en total?

_____

4. En el paquete que compró Hannah había 500 hojas de papel. Hannah ya usó 137 hojas. ¿Cuántas hojas de papel le quedan?

_____

5. El viernes, hubo 378 visitantes en el museo de ciencias. El sábado, hubo 409 visitantes. ¿Cuántas personas más visitaron el museo el sábado?

_____

6. Ravi anota 247 puntos en un videojuego. ¿Cuántos puntos más necesita anotar para llegar a un total de 650?

_____

Carta para la casa

Vocabulario

datos Información que se recopila sobre personas o cosas.

diagrama de puntos En un diagrama de puntos, se usan marcas para registrar datos sobre una recta numérica.

gráfica con dibujos En una gráfica con dibujos, se usan dibujos pequeños o símbolos para mostrar la información.

gráfica de barras Una gráfica en la que se usan barras para mostrar datos.

tabla de frecuencia En una tabla de frecuencia, se usan números para registrar datos.

Querida familia:

Durante las próximas semanas, en la clase de matemáticas aprenderemos a interpretar y representar datos.

El estudiante llevará a casa tareas que sirven para poner en práctica las tablas de conteo, las tablas de frecuencia, las gráficas con dibujos, las gráficas de barras y los diagramas de puntos.

Este es un ejemplo de cómo se le enseñará a usar una gráfica de barras para resolver problemas.

🔒 MODELO Usa una gráfica de barras para resolver un problema.

Usa la gráfica de barras. ¿Cuántos libros más sobre deportes que sobre naturaleza tiene Richard?

PASO 1

Identifica las barras para Deportes y Naturaleza.

PASO 2

Cuenta a lo largo de la escala para hallar la diferencia entre las barras. La diferencia es 5 libros.

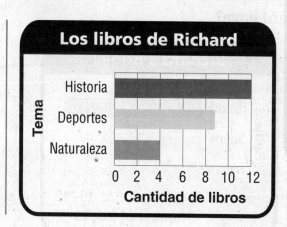

Pistas

Escalas

Para leer más fácilmente la longitud o la altura de una barra, usa una escuadra o una regla y alinea un extremo de la barra con el número de la escala.

Entonces, Richard tiene 5 libros más sobre deportes que sobre naturaleza.

Actividad

Busque y recorte gráficas de barras de revistas o periódicos o ayude a su niño a crear sus propias gráficas de barras. Después haga preguntas como "cuántos más" y "cuántos menos". Ayúdelo a hallar las respuestas.

School-Home Letter

Dear Family,

During the next few weeks, our math class will learn about interpreting and representing data.

You can expect to see homework that provides practice with tally tables, frequency tables, picture graphs, bar graphs, and line plots.

Here is a sample of how your child will be taught to solve problems using a bar graph.

Vocabulary

data Information that is collected about people or things.

line plot A line plot uses marks to record each piece of data above a number line.

bar graph A graph that uses bars to show data.

picture graph A picture graph uses small pictures or symbols to show information.

frequency table A frequency table uses numbers to record data.

🔑 MODEL Use a Bar Graph to Solve a Problem

Use the bar graph. How many more sports books than nature books does Richard have?

STEP 1

Identify the bars for Sports and Nature.

STEP 2

Count along the scale to find the difference between the bars. The difference is 5 books.

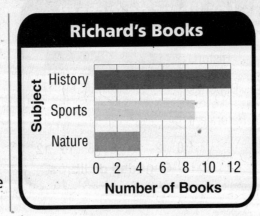

So, Richard has 5 more sports books than nature books.

Tips

Reading Scales

To make reading the length or height of a bar easier, use a straightedge or ruler to line up one end of the bar with the number on the scale.

Activity

Look for bar graphs in magazines and newspapers or help your child create his or her own bar graphs. Then ask questions such as "how many more" and "how many fewer" and help your child find the answers.

Nombre _____

Resolución de problemas •
Organizar datos

Usa las tablas **Materia favorita** para responder las preguntas 1 a 4.

ESTÁNDAR COMÚN 3.MD.3
Represent and interpret data.

1. Los estudiantes de dos clases de tercer grado anotaron su materia favorita. Los datos se muestran en la tabla de conteo. ¿Cuántos estudiantes menos eligieron Ciencias que Estudios Sociales como su materia favorita?

Piensa: Usa los datos de la tabla de conteo para anotar los datos en la tabla de frecuencia. Luego resuelve el problema.

Estudios Sociales: __12__ estudiantes

Ciencias: __5__ estudiantes

12 − 5 = __7__

Entonces, __7__ estudiantes menos eligieron Ciencias.

Materia favorita	
Materia	**Conteo**
Matemáticas	卌 卌 I
Ciencias	卌
Artes del Lenguaje	卌 II
Lectura	卌 IIII
Estudios Sociales	卌 卌 II

2. ¿Qué materia eligió el menor número de estudiantes?

_____

3. ¿Cuántos estudiantes más eligieron Matemáticas que Artes del Lenguaje como su materia favorita?

_____ estudiantes más

4. Imagina que 3 estudiantes cambiaran su voto de Matemáticas a Ciencias. Describe cómo cambiaría la tabla de frecuencia.

_____

_____

_____

_____

Materia favorita	
Materia	**Número**
Matemáticas	
Ciencias	5
Artes del Lenguaje	
Lectura	
Estudios Sociales	12

© Houghton Mifflin Harcourt Publishing Company

Capítulo 2   **P29**

Revisión de la lección (3.MD.3)

En la tabla de conteo se muestran las tarjetas de la colección de tarjetas de deportes de Kyle.

1. ¿Cuántas tarjetas de hockey y de fútbol americano juntas tiene Kyle?

Tarjetas de deportes de Kyle	
Deporte	**Conteo**
Béisbol	ℍℍ︎ ||||
Hockey	ℍℍ︎
Básquetbol	|||
Fútbol americano	ℍℍ︎ |||

_____

Repaso en espiral (3.OA.8, 3.NBT.1, 3.NBT.2)

2. En un salón, hay 472 personas. ¿Cuánto es 472 redondeado a la centena más próxima?

_____

3. Max y Anna jugaron a un videojuego en equipo. Max obtuvo 463 puntos y Anna obtuvo 329 puntos. ¿Cuántos puntos obtuvieron en total?

4. Judy tiene 573 tarjetas de béisbol en su colección. Todd tiene 489 tarjetas de béisbol en su colección. ¿Cuántas tarjetas menos que Judy tiene Todd?

_____

5. La Sra. Westin manejó 542 millas la semana pasada y 378 millas esta semana por asuntos de trabajo. ¿Cuántas millas manejó en total por asuntos de trabajo durante las dos semanas?

_____

Nombre _____

Usar gráficas con dibujos

ESTÁNDAR COMÚN 3.MD.3
Represent and interpret data.

Usa la gráfica con dibujos para responder las preguntas 1 a 7.

La maestra Pérez hizo una gráfica con dibujos de las puntuaciones en una prueba de matemáticas.

Puntuaciones en la prueba de matemáticas	
100	★★★★★
95	★★★
90	★★★⯨
85	★

Clave: Cada ★ = 4 estudiantes.

1. ¿Cuántos estudiantes obtuvieron 100 puntos? ¿Cómo puedes hallar el resultado?

   Para hallar cuántos estudiantes

   obtuvieron 100, cuento cada estrella

   como 4 estudiantes. Entonces,

   20 estudiantes obtuvieron 100.

2. ¿Qué representa ?

   _____

3. ¿Cuántos estudiantes en total obtuvieron 100 ó 95?

   _____

4. ¿Cuántos estudiantes más obtuvieron 90 que 85?

   _____

5. ¿Cuántos estudiantes en total hicieron la prueba?

   _____

Resolución de problemas · En el mundo

6. Imagina que los estudiantes que obtuvieron 85 y 90 puntos hacen la prueba de nuevo y obtienen 95 puntos. ¿Cuántas estrellas agregarías en la gráfica con dibujos junto a 95?

   _____

7. Si 2 estudiantes más hicieran la prueba y obtuvieran 80 puntos, ¿cómo sería la gráfica con dibujos?

   _____

Revisión de la lección (3.MD.3)

1. Karen preguntó a sus amigos cuál era su raza de perro favorita.

Perro favorito	
Retriever	🦴🦴🦴🦴🦴🦴
Poodle	🦴🦴🦴
Terrier	🦴🦴

Clave: Cada 🦴 = 2 personas.

¿Cuántas personas eligieron Poodle?

_____

2. Henry hizo una gráfica con dibujos para mostrar qué cobertura de pizza les gusta a las personas. Esta es la clave.

Cada 🍕 = 6 personas.

¿Qué representa 🍕 🍕?

_____

Repaso en espiral (3.NBT.1)

3. Estima la suma.

$$523 \\ + 295$$

_____

_____

4. Estima la diferencia.

$$610 \\ - 187$$

_____

_____

5. ¿Cuánto es 871 redondeado a la decena más próxima?

_____

6. ¿Cuánto es 473 redondeado a la centena más próxima?

_____

Nombre _____

Hacer gráficas con dibujos

ESTÁNDAR COMÚN 3.MD.3
Represent and interpret data.

Ben preguntó a sus compañeros sobre sus programas de TV favoritos. Anotó las respuestas en una tabla de frecuencia. Haz una gráfica con dibujos con los datos de la tabla.

Sigue los pasos para hacer una gráfica con dibujos.

Paso 1 Escribe el título en la parte superior de la gráfica con dibujos.

Paso 2 Observa las cantidades de la tabla. Indica cuántos estudiantes representa cada dibujo en la clave.

Paso 3 Haz la cantidad correcta de dibujos para cada tipo de programa.

Usa tu gráfica con dibujos para responder las preguntas 1 a 5.

Programa favorito de TV	
Tipo	Cantidad
Caricaturas	9
Deportes	6
Películas	3

Caricaturas	▪ ▪ ▪
Deportes	
Películas	

Clave: Cada ▪ =

1. ¿Qué título le pusiste a la gráfica con dibujos?

_____

_____

2. ¿Qué clave usaste?

_____

_____

3. ¿Cuántos dibujos usaste para representar los programas de deportes?

_____

_____

Resolución de problemas En el mundo

4. ¿Cuántos dibujos harías si 12 estudiantes eligieran los programas de concursos como su tipo favorito de programa de TV?

_____

5. ¿Qué clave usarías si 10 estudiantes eligieran las caricaturas?

_____

Revisión de la lección (3.MD.3)

1. Sandy hizo una gráfica con dibujos para mostrar los deportes que les gusta jugar a sus compañeros. ¿Cuántos estudiantes menos eligieron el béisbol que el fútbol?

Deporte favorito	
Básquetbol	◯◯◯◯◯◯◯◯
Fútbol	◯◯◯◯◯◯◯◯◯◯
Béisbol	◯◯◯◯◯◯

Clave: Cada ◯ = 2 estudiantes.

_____

2. Tommy hace una gráfica con dibujos para mostrar el tipo de música favorito de sus amigos. Planea usar una nota musical para representar 2 personas. ¿Cuántas notas musicales usará para mostrar que 4 personas eligieron la música *country*?

_____

Repaso en espiral (3.OA.9, 3.NBT.1, 3.NBT.2)

3. Halla la suma.

$$490 + 234$$

_____

_____

4. Sophie escribió números impares en una hoja. ¿Qué número NO escribió Sophie?

_____

5. Marcos hizo un pedido de 126 libros para regalar en la inauguración de la tienda. ¿Cuánto es 126 redondeado a la centena más próxima?

_____

_____

6. Estima la diferencia.

$$422 - 284$$

_____

_____

Nombre _____

Usar gráficas de barras

ESTÁNDAR COMÚN 3.MD.3
Represent and interpret data.

Usa la gráfica de barras **Actividades después de la cena**
para responder las preguntas 1 a 6.

Se preguntó a los estudiantes de tercer grado de la
Escuela Primaria Case a qué actividad le dedicaron
más tiempo después de cenar la semana pasada.
En la gráfica de barras de la derecha se muestran
los resultados.

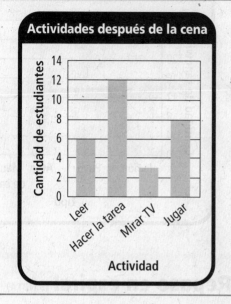

Actividades después de la cena

1. ¿Cuántos estudiantes le dedicaron más tiempo
   a mirar TV después de cenar?

   _____ **3 estudiantes** _____

2. ¿Cuántos estudiantes en total respondieron la encuesta?

   _____

3. ¿Cuántos estudiantes en total jugaron o leyeron?

   _____

4. ¿Cuántos estudiantes menos se dedicaron a
   leer que a hacer la tarea?

   _____

5. ¿Cuántos estudiantes más se dedicaron a leer
   que a mirar TV?

   _____

Resolución de problemas

6. Imagina que 3 estudiantes cambiaran sus respuestas a
   leer en lugar de hacer la tarea. ¿Dónde terminaría la
   barra que representa leer?

   _____

Revisión de la lección (3.MD.3)

Sándwiches vendidos

Cantidad de sándwiches

28
24
20
16
12
8
4
0

Jamón   Pavo   Atún   Mantequilla de cacahuate

Tipo

1. En la gráfica de barras se muestra la cantidad de sándwiches que se vendieron ayer en el puesto de sándwiches de Lisa. ¿Cuántos sándwiches de atún se vendieron?

_____

Repaso en espiral (3.NBT.1)

2. ¿Cuánto es 582 redondeado a la decena más próxima?

_____

3. La semana pasada, Savannah leyó durante 178 minutos. ¿Cuánto es 178 redondeado a la centena más próxima?

_____

4. Estima la diferencia.

$$371 - 99$$

_____

5. Estima la diferencia.

$$625 - 248$$

_____

Hacer gráficas de barras

ESTÁNDAR COMÚN 3.MD.3
Represent and interpret data.

Ben les pidió a algunos amigos que mencionaran su desayuno favorito. Anotó las respuestas en la tabla de frecuencia de la derecha.

1. Usa los datos de Ben para completar la gráfica de barras.

Desayuno favorito	
Alimento	**Cantidad de votos**
Waffles	8
Cereales	14
Panqueques	12
Avena	4

Usa tu gráfica de barras para responder las preguntas 2 a 5.

2. ¿Qué alimento eligió la mayoría de las personas como su desayuno favorito?

_____

3. ¿Cuántas personas eligieron los *waffles* como su desayuno favorito?

_____

4. ¿Cómo supiste hasta qué altura debías dibujar la barra que representa los panqueques?

_____

_____

5. Imagina que 6 personas eligieran la avena como su desayuno favorito. ¿Cómo cambiarías la gráfica de barras?

_____

_____

_____

_____

Revisión de la lección (3.MD.3)

Ingrediente de pizza favorito

1. Gary les pidió a sus amigos que mencionaran su ingrediente de pizza favorito. Anotó los resultados en una gráfica de barras. ¿Cuántas personas eligieron el salchichón?

_____

2. Imagina que 3 amigos más eligieran los hongos. ¿Dónde terminaría la barra para los hongos?

_____

Repaso en espiral (3.OA.9, 3.NBT.1)

3. Estima la suma.

$$458$$
$$+\ 214$$

4. Matt sumó $14 + 0$. ¿Cuál es el total correcto?

_____

5. Se inscribieron 682 corredores para una carrera. ¿Cuánto es 682 redondeado a la centena más próxima?

_____

6. Este año, hay 187 estudiantes nuevos en la Escuela Primaria Maple. ¿Cuánto es 187 redondeado a la decena más próxima?

_____

Nombre _____

Usar datos para resolver problemas

ESTÁNDAR COMÚN 3.MD.3
Represent and interpret data.

Usa la gráfica Almuerzo favorito para las preguntas 1 a 3.

1. ¿Cuántos estudiantes más eligieron pizza que queso a la plancha?

   Piensa: Resta la cantidad de estudiantes que eligieron queso a la plancha, 2, de la cantidad de estudiantes que eligieron pizza, 11.

   $11 - 2 = 9$ _____ estudiantes más

2. ¿Cuántos estudiantes no eligieron hamburguesa de pollo? _____ estudiantes

3. ¿Cuántos estudiantes menos eligieron queso a la plancha que perritos calientes?

   _____ estudiantes menos

Usa la gráfica Maneras... para las preguntas 4 a 7.

4. ¿Cuántos estudiantes más van a la escuela caminando que en carro?

   _____ estudiantes más

5. ¿Cuántos estudiantes van a la escuela caminando y en bicicleta combinados?

   _____ estudiantes

Resolución de problemas · En el mundo

6. La cantidad de estudiantes que van a la escuela en carro y en autobús, ¿es mayor o menor que la de los que van caminando y en bicicleta? **Explícalo.**

   _____

   _____

7. ¿Qué pasaría si 5 estudiantes más dijeran que van en bicicleta? ¿Habría más estudiantes que van caminando o en bicicleta? **Explícalo.**

   _____

   _____

   _____

Revisión de la lección (3.MD.3)

1. ¿Cuántas personas menos eligieron la reparación de bancos que la colecta de alimentos?

_____

Proyectos comunitarios

2. ¿Cuántas personas en total respondieron la encuesta?

_____

Repaso en espiral (3.NBT.1, 3.NBT.2)

3. Halla la diferencia.

$$650$$
$$-\ 189$$

4. Greyson tiene 75 tarjetas de básquetbol. ¿Cuánto es 75 redondeado a la decena más próxima?

_____

5. Sue gastó $18 en una camisa, $39 en una chaqueta y $12 en un sombrero. ¿Cuánto gastó en total?

_____

6. En una función de ballet, hay 219 adultos y 174 niños. ¿Cuántas personas hay en la función en total?

_____

Nombre _____

Usar y hacer diagramas de puntos

ESTÁNDAR COMÚN 3.MD.4
Represent and interpret data.

Usa los datos de la tabla para hacer un diagrama de puntos.

¿Cuántas camisas se vendieron a cada precio?	
Precio	Cantidad vendida
$11	1
$12	4
$13	6
$14	4
$15	0
$16	2

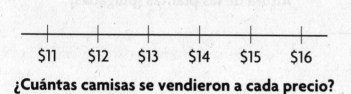

$11 $12 $13 $14 $15 $16

¿Cuántas camisas se vendieron a cada precio?

1. ¿Cuántas camisas se vendieron a $12?

4 camisas

2. ¿A qué precio se vendió la mayor cantidad de camisas?

_____

3. ¿Cuántas camisas se vendieron en total?

_____

4. ¿Cuántas camisas se vendieron a $13 o más?

_____

Resolución de problemas

Usa el diagrama de puntos de arriba para responder las preguntas 5 y 6.

5. ¿Se vendieron más camisas a menos de $13 o a más de $13? **Explícalo.**

_____

6. ¿Hay algún precio del cual no se muestran datos? **Explícalo.**

_____

_____

Revisión de la lección (3.MD.4)

1. Pedro hizo un diagrama de puntos para mostrar la altura de las plantas de su jardín. ¿Cuántas plantas miden menos de 3 pulgadas de altura?

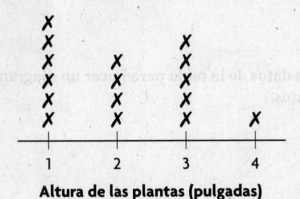

Altura de las plantas (pulgadas)

_____

Repaso en espiral (3.NBT.1, 3.NBT.2)

2. Halla la suma.

$$642 \\ + 259$$

3. Halla la diferencia.

$$460 \\ - 309$$

_____

_____

4. Para la feria de la escuela, se cocinaron 262 hamburguesas. ¿Cuánto es 262 redondeado a la centena más próxima?

5. Makenzie tiene 517 adhesivos en su colección. ¿Cuánto es 517 redondeado a la decena más próxima?

_____

_____

Capítulo 3

Carta para la casa

Vocabulario

factor Un número que se multiplica por otro número para hallar el producto.

grupos iguales Grupos que tienen el mismo número de objetos.

matriz Un conjunto de objetos organizados en hileras y columnas.

multiplicar Cuando multiplicas, combinas grupos iguales para hallar cuántos elementos hay en total.

producto El resultado de un problema de multiplicación.

Querida familia:

Durante las próximas semanas, en la clase de matemáticas aprenderemos sobre la multiplicación. Aprenderemos cómo la suma se relaciona con la multiplicación y cómo multiplicar por los factores 0 y 1.

El estudiante llevará a casa tareas que sirven para practicar la multiplicación.

Este es un ejemplo de cómo se le enseñará la relación entre la suma y la multiplicación.

🔑 MODELO Relaciona la suma y la multiplicación.

Así es como vamos a sumar o multiplicar para resolver problemas relacionados con grupos iguales.

Suma.

PASO 1

Dibuja 2 fichas en cada rectángulo para mostrar 4 grupos iguales.

PASO 2

Escribe un enunciado de suma para hallar cuántas fichas hay en total.

$2 + 2 + 2 + 2 = 8$

Multiplica.

PASO 1

Dibuja 2 fichas en cada rectángulo para mostrar 4 grupos iguales.

PASO 2

Escribe un enunciado de multiplicación para hallar cuántas fichas hay en total.

$4 + 2 = 8$

Pistas

Contar salteado

Contar salteado es otra manera de contar grupos iguales para hallar cuántos elementos hay en total. Por ejemplo, hay 4 grupos con 2 fichas cada uno, entonces puedes contar de 2 en 2: 2, 4, 6, 8. Hay 8 fichas en total.

Actividad

Ayude a su niño a formar 3 grupos iguales de objetos parecidos (no más de 10 objetos en cada grupo). Luego pídale que escriba un enunciado de suma y uno de multiplicación para hallar cuántos objetos hay en total.

Chapter 3

School-Home Letter

Vocabulary

array A set of objects in rows and columns.

equal groups Groups that have the same number of objects.

factor A number that is multiplied by another number to find a product.

multiply When you multiply, you combine equal groups to find how many in all.

product The answer in a multiplication problem.

Dear family,

During the next few weeks, our math class will be learning about multiplication. We will learn how addition is related to multiplication and how to multiply with the factors 0 and 1.

You can expect to see homework that provides practice with multiplication.

Here is a sample of how your child will be shown the relationship between addition and multiplication.

🔑 MODEL Relate addition and multiplication

This is how we will add or multiply to solve problems about equal groups.

Add.	**Multiply.**
STEP 1	**STEP 1**
Draw 2 counters in each rectangle to show 4 equal groups.	Draw 2 counters in each rectangle to show 4 equal groups.
STEP 2	**STEP 2**
Write an addition sentence to find how many counters in all.	Write a multiplication sentence to find how many counters in all.
$2 + 2 + 2 + 2 = 8$	$4 \times 2 = 8$

Tips

Skip counting

Skip counting is another way to count equal groups to find how many in all. For example, there are 4 groups with 2 counters in each group, so skip counting by 2s can be used: 2, 4, 6, 8. There are 8 counters in all.

Activity

Help your child arrange 3 equal groups of like objects (no more than 10 objects in each group). Then have him or her write an addition sentence and a multiplication sentence to find how many objects in all.

Nombre _____

Contar grupos iguales

ESTÁNDAR COMÚN 3.0A.1
Represent and solve problems involving multiplication and division.

Dibuja grupos iguales. Cuenta salteado para hallar cuántos elementos hay.

1. 2 grupos de 2 ___4___

2. 3 grupos de 6 _____

3. 5 grupos de 3 _____

4. 4 grupos de 5 _____

Cuenta grupos iguales para hallar cuántos elementos hay.

5.

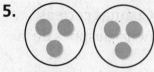

_____ grupos de _____

_____ en total

6.

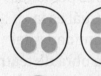

_____ grupos de _____

_____ en total

Resolución de problemas

7. Marcia coloca 2 rebanadas de queso en cada emparedado. Prepara 4 emparedados de queso. ¿Cuántas rebanadas de queso usa Marcia en total?

_____

8. Tomás trabaja en la cocina de una cafetería. Coloca 3 tomates cherry en cada una de las 5 ensaladas que prepara. ¿Cuántos tomates usa?

_____

Revisión de la lección (3.OA.1)

1. Jen hace 3 pulseras. Cada pulsera tiene 3 cuentas. ¿Cuántas cuentas usa Jen?

_____

2. Ian tiene 5 tarjetas para enviar por correo. Cada tarjeta lleva 2 estampillas. ¿Cuántas estampillas necesita Ian?

_____

Repaso en espiral (3.NBT.1, 3.NBT.2)

3. En una obra de teatro, hay 384 personas el viernes por la noche. En esa misma obra, hay 512 personas el sábado por la noche. ¿Cuál es la mejor estimación de la cantidad total de personas que vieron la obra de teatro ambas noches?

_____

_____

_____

4. La tienda de mascotas A Pasear el Perrito tiene 438 correas en existencias. En una liquidación de un solo día venden 79 correas. ¿Cuántas correas les quedan en existencias después de la liquidación?

_____

_____

_____

5. El autobús de Turismo del Lago recorrió 490 millas el sábado y 225 millas el domingo. ¿Alrededor de cuántas millas más recorrió el sábado?

_____

_____

_____

6. En una semana, en la escuela Jackson, 210 estudiantes compran leche y 196 estudiantes compran jugo. ¿Cuántas bebidas se vendieron esa semana?

_____

_____

_____

Relacionar la suma y la multiplicación

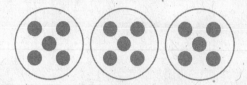

ESTÁNDAR COMÚN 3.OA.1
*Represent and solve problems involving
multiplication and division.*

**Haz un dibujo rápido para mostrar los grupos
iguales. Luego escribe enunciados de suma
y de multiplicación relacionados.**

1. 3 grupos de 5

$$\underline{5} + \underline{5} + \underline{5} = \underline{15}$$

$$\underline{3} \times \underline{5} = \underline{15}$$

2. 3 grupos de 4

___ + ___ + ___ = ___

___ × ___ = ___

3. 4 grupos de 3

___ + ___ + ___ + ___ = ___

___ × ___ = ___

4. 5 grupos de 2

___ + ___ + ___ + ___ + ___ = ___

___ × ___ = ___

Completa. Escribe un enunciado de multiplicación.

5. 7 + 7 + 7 = ____

___ × ___ = ____

6. 3 + 3 + 3 = ___

___ × ___ = ___

Resolución de problemas

7. En una caja hay 6 frascos de pepinillos.
Ed tiene 3 cajas de pepinillos. ¿Cuántos
frascos de pepinillos tiene en total?
Escribe un enunciado de multiplicación
para hallar el resultado.

___ × ___ = ___ frascos

8. Jani recorre 5 millas por día con su
bicicleta. ¿Cuántas millas recorre Jani en
total en 4 días? Escribe un enunciado de
multiplicación para hallar el resultado.

___ × ___ = ____ millas

1. ¿De qué otra manera se puede mostrar 3 + 3 + 3 + 3 + 3 + 3?

_____

_____

2. Usa el modelo. ¿Cuántas fichas hay en total?

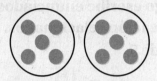

_____

Repaso en espiral (3.NBT.1, 3.NBT.2, 3.MD.4)

3. En una escuela, se entregaron 884 lápices a los estudiantes el primer día de escuela. ¿Cuánto es 884 redondeado a la centena más próxima?

_____

4. Halla la diferencia.

$$632 - 274$$

_____

5. En el siguiente diagrama de puntos se muestra la cantidad de puntos que Trevor anotó en 20 juegos.

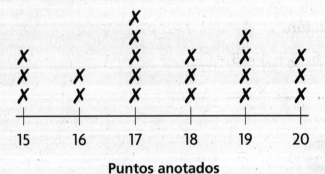

Puntos anotados

¿En cuántos juegos Trevor anotó al menos 18 puntos?

_____

6. Darrien leyó 97 páginas la semana pasada. Evan leyó 84 páginas la semana pasada. ¿Cuántas páginas en total leyeron los niños?

_____

Nombre _____

Contar salteado en una recta numérica

Dibuja saltos en la recta numérica para mostrar grupos iguales. Halla el producto.

ESTÁNDAR COMÚN 3.OA.3
Represent and solve problems involving multiplication and division.

1. 6 grupos de 3

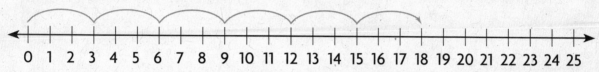

$6 \times 3 =$ ___18___

2. 3 grupos de 5

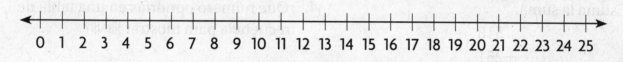

$3 \times 5 =$ _____

Escribe el enunciado de multiplicación que se muestra en la recta numérica.

3. 2 grupos de 6

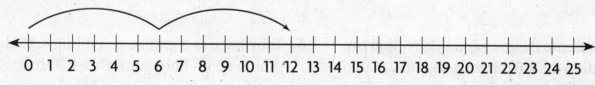

_____ × _____ = _____

Resolución de problemas

4. Allie hornea panecillos para los estudiantes de su clase. En cada bandeja para hornear hay 6 panecillos. Hornea 5 bandejas de panecillos. ¿Cuántos panecillos hornea en total?

_____

5. Un paquete de refrigerios tiene 4 palitos de queso. ¿Cuántos palitos de queso hay en 4 paquetes?

_____

Revisión de la lección (3.OA.3)

1. Louise cuenta de 4 en 4 en una recta numérica para hallar 5×4. ¿Cuántos saltos debe dibujar en la recta numérica?

2. Theo necesita 4 tablas de 3 pies de longitud cada una para hacer estantes para libros. ¿Cuántos pies de tablas necesita en total?

Repaso en espiral (3.NBT.1, 3.MD.3)

3. Estima la suma.

$$\begin{array}{r} 518 \\ +251 \\ \hline \end{array}$$

4. ¿Qué número pondrías en una tabla de frecuencia para mostrar 卌 |||?

5. El gerente de una zapatería recibió un pedido de 346 pares de zapatos. ¿Cuánto es 346 redondeado a la centena más próxima?

6. Toby hace una gráfica con dibujos. Cada dibujo de un libro equivale a 2 libros que leyó. La hilera para el Mes 1 tiene 3 dibujos de libros. ¿Cuántos libros leyó Toby durante el Mes 1?

Resolución de problemas •
Representar la multiplicación

Haz un diagrama para resolver los problemas.

ESTÁNDAR COMÚN 3.0A.8
Solve problems involving the four operations, and identify and explain patterns in arithmetic.

1. Robert colocó algunos bloques de juguete en 3 hileras. En cada hilera hay 5 bloques. ¿Cuántos bloques hay en total?

    15 bloques

2. El Sr. Fernández coloca losetas en el piso de su cocina. Hay 2 hileras con 9 losetas en cada hilera. ¿Cuántas losetas hay en total?

3. En la huerta de Jillian hay 3 hileras de zanahorias, 2 hileras de frijoles verdes y 1 hilera de chícharos. En cada hilera hay 8 plantas. ¿Cuántas plantas hay en total?

4. En el salón de clases de Sorhab hay 3 hileras con 7 escritorios en cada hilera. ¿Cuántos escritorios hay en total?

5. María visita la tienda de alquiler de películas. En una pared hay 6 DVD en cada uno de los 5 estantes que hay. En otra pared hay 4 DVD en cada uno de los 4 estantes que hay. ¿Cuántos DVD hay en total?

6. En el centro de información de la escuela de Josh hay un área de computación. En cada una de las primeras 4 hileras hay 6 computadoras. En la quinta hilera hay 4 computadoras. ¿Cuántas computadoras hay en total?

Revisión de la lección (3.OA.8)

1. En una tienda de videos hay 5 estantes de videojuegos. En cada estante hay 6 videojuegos. ¿Cuántos videojuegos hay en total?

   _____

   _____

2. Ken observa una banda militar. Ve 2 hileras de flautistas. En cada hilera hay 6 personas. Ve 8 trombonistas. ¿Cuántos flautistas y trombonistas ve Ken?

   _____

   _____

Repaso en espiral (3.NBT.1, 3.NBT.2, 3.MD.3)

3. ¿Cuál es la suma de 438 y 382?

   _____

   _____

4. Estima la suma.

   $$622$$
   $$+ \ 84$$

   _____

   _____

5. Francine usa 167 globos plateados y 182 globos dorados para la fiesta de su tienda. ¿Cuántos globos plateados y dorados usa Francine en total?

   _____

   _____

6. Yoshi hace una gráfica con dibujos. Cada dibujo de una pelota de fútbol representa dos goles que anotó para su equipo. La hilera de enero tiene 9 pelotas de fútbol. ¿Cuántos goles anotó Yoshi en enero?

   _____

   _____

Nombre _____

Hacer modelos con matrices

ESTÁNDAR COMÚN 3.0A.3
Represent and solve problems involving multiplication and division.

Escribe un enunciado de multiplicación para la matriz.

1.

$3 \times 7 =$ __21__

2.

$2 \times 5 =$ _____

Dibuja una matriz para hallar el producto.

3. $4 \times 2 =$ _____

4. $4 \times 4 =$ _____

5. $3 \times 2 =$ _____

6. $2 \times 8 =$ _____

Resolución de problemas

7. Lenny mueve las mesas de la cafetería de la escuela. Coloca todas las mesas en una matriz de 7×4. ¿Cuántas mesas hay en la cafetería?

_____

8. La maestra DiMeo dirige el coro de la escuela. Organizó a sus cantantes en 3 hileras. En cada hilera hay 8 cantantes. ¿Cuántos cantantes hay en total?

_____

Revisión de la lección (3.OA.3)

1. ¿Qué enunciado de multiplicación se muestra en esta matriz?

_____

2. ¿Qué enunciado de multiplicación se muestra en esta matriz?

_____

Repaso en espiral (3.NBT.1, 3.NBT.2, 3.MD.3)

3. Usa la tabla para hallar quién recorrió 700 millas más que Paul durante las vacaciones de verano.

Vacaciones de verano	
Nombre	**Distancia en millas**
Paul	233
Andrew	380
Bonnie	790
Sara	933
Susan	853

4. Usa la gráfica de barras para hallar qué color de cabello tiene la mayoría de los estudiantes.

_____

5. Spencer pidió 235 latas de tomate para preparar salsa para el festival. ¿Cuánto es 235 redondeado a la decena más próxima?

_____

6. ¿Qué barra sería la más larga en una gráfica de barras de los datos?

Cobertura preferida de pizza	
Cobertura	**Votos**
Queso	5
Salchichón	4
Verduras	1
Salchicha	3

_____

Nombre _____

La propiedad conmutativa de la multiplicación

ESTÁNDAR COMÚN 3.0A.5
Understand properties of multiplication and the relationship between multiplication and division.

Escribe un enunciado de multiplicación para el modelo. Luego usa la propiedad conmutativa de la multiplicación para escribir un enunciado de multiplicación relacionado.

1.

$$\underline{5} \times \underline{2} = \underline{10}$$
$$\underline{2} \times \underline{5} = \underline{10}$$

2.

$$\underline{} \times \underline{} = \underline{}$$
$$\underline{} \times \underline{} = \underline{}$$

3.

$$\underline{} \times \underline{} = \underline{}$$
$$\underline{} \times \underline{} = \underline{}$$

4.

$$\underline{} \times \underline{} = \underline{}$$
$$\underline{} \times \underline{} = \underline{}$$

Resolución de problemas

5. En una tienda de jardinería se venden bandejas de plantas. En cada bandeja caben 2 hileras de 8 plantas. ¿Cuántas plantas hay en una bandeja?

_____

6. Jeff colecciona carros de juguete. Los exhibe en un estuche con 4 hileras. En cada hilera hay 6 carros. ¿Cuántos carros tiene Jeff?

_____

Revisión de la lección (3.OA.5)

1. ¿Cuál es un ejemplo de la propiedad conmutativa de la multiplicación?

_____

_____

_____

2. ¿Qué factor hace que el enunciado numérico sea verdadero?

$$7 \times 4 = \blacksquare \times 7$$

_____

Repaso en espiral (3.NBT.1, 3.NBT.2, 3.MD.3)

3. La Sra. Williams manejó 149 millas el jueves y 159 millas el viernes. ¿Alrededor de cuántas millas manejó en total los dos días?

_____

_____

4. Inés tiene 699 monedas de 1¢ y 198 monedas de 5¢. Estima cuántas monedas de 1¢ más que de 5¢ tiene Inés.

_____

_____

5. Este año, el desfile tuvo 127 carros alegóricos. Esto es 34 carros alegóricos menos que el año pasado. ¿Cuántos carros alegóricos hubo en el desfile del año pasado?

_____

6. Jeremy hizo una tabla de conteo para registrar la manera en que sus amigos votaron por sus mascotas favoritas. En su tabla se muestra ̶|̶|̶|̶|̶ ̶|̶|̶|̶|̶ ll junto a la opción Perro. ¿Cuántos amigos votaron por el perro?

_____

Nombre _____

Multiplicar con 1 y con 0

ESTÁNDAR COMÚN 3.OA.5
Understand properties of multiplication and the relationship between multiplication and division.

Halla el producto.

1. $1 \times 4 =$ __4__   **2.** $0 \times 8 =$ _____   **3.** $0 \times 4 =$ _____   **4.** $1 \times 6 =$ _____

5. $3 \times 0 =$ _____   **6.** $0 \times 9 =$ _____   **7.** $8 \times 1 =$ _____   **8.** $1 \times 2 =$ _____

9. $0 \times 6 =$ _____   **10.** $4 \times 0 =$ _____   **11.** $7 \times 1 =$ _____   **12.** $1 \times 5 =$ _____

13. $3 \times 1 =$ _____   **14.** $0 \times 7 =$ _____   **15.** $1 \times 9 =$ _____   **16.** $5 \times 0 =$ _____

17. $10 \times 1 =$ _____   **18.** $2 \times 0 =$ _____   **19.** $5 \times 1 =$ _____   **20.** $1 \times 0 =$ _____

21. $0 \times 0 =$ _____   **22.** $1 \times 3 =$ _____   **23.** $9 \times 0 =$ _____   **24.** $1 \times 1 =$ _____

Resolución de problemas En el mundo

25. Peter está en la obra de teatro de la escuela. Su maestro entregó 1 copia de la obra a cada uno de los 6 estudiantes que actuarán. ¿Cuántas copias de la obra entregó el maestro?

26. Hay 4 cartones de huevos sobre la mesa. En cada cartón hay 0 huevos. ¿Cuántos huevos hay en total?

_____   _____

Revisión de la lección (3.OA.5)

1. En cada soporte para bicicletas hay 0 bicicletas. Si hay 8 soportes para bicicletas, ¿cuántas bicicletas hay en total?

_____

2. ¿Cuál es el producto?

$$1 \times 0 = \underline{}$$

_____

Repaso en espiral (3.NBT.2, 3.OA.3, 3.MD.3)

3. El Sr. Ellis manejó 197 millas el lunes y 168 millas el martes. ¿Cuántas millas manejó en total?

_____

4. ¿Qué enunciado de multiplicación se muestra en la matriz?

_____

Usa la gráfica de barras para responder las preguntas 5 y 6.

5. ¿Cuántos carros se lavaron el viernes y el sábado juntos?

_____

6. ¿Cuántos carros más se lavaron el sábado que el domingo?

_____

Carta para la casa

Querida familia:

Durante las próximas semanas, en la clase de matemáticas aprenderemos a multiplicar con los factores 2, 3, 4, 5, 6, 7, 8, 9 y 10.

El estudiante llevará a casa tareas que sirven para practicar las operaciones de multiplicación y sus estrategias.

Este es un ejemplo de cómo se le enseñará a multiplicar por el factor 3.

Vocabulario

múltiplo Un número que es el producto de dos números positivos.

propiedad asociativa de la multiplicación La propiedad que establece que si se modifica la agrupación de los factores, el producto no cambia.

propiedad distributiva La propiedad que establece que multiplicar una suma por un número es lo mismo que multiplicar cada sumando por ese número y luego sumar los productos.

🔑 MODELO Multiplica por 3.

Esta es una manera de multiplicar por 3 para resolver problemas.

Teddy usó 3 pasas para hacer una cara de 1 galleta. ¿Cuántas pasas necesitará para 4 galletas?

Una manera de resolver el problema es hacer un dibujo.

3,   6,   9,   12

Cuenta de 3 en 3 para hallar el número total de pasas.

3, 6, 9, 12

4 grupos de 3 es igual a 12. $4 \times 3 = 12$

Entonces, necesitará 12 pasas para 4 galletas.

Pistas

Otra manera de resolver problemas de multiplicación

Otra manera de resolver el problema es hacer una matriz. Usa fichas para hacer una matriz de 4 hileras con 3 fichas en cada hilera.

Cuenta todas las fichas.

4 grupos de 3 es igual a 12.

$4 \times 3 = 12$

Actividad

Pida a su hijo que dibuje más grupos de 3 para 5, 6, 7, 8 y 9 galletas. Luego hágale preguntas como "¿Cuántas pasas se necesitan para 8 galletas? ¿Qué factores debes multiplicar para hallar la respuesta?".

Chapter 4 — School-Home Letter

Vocabulary

multiple A number that is the product of two counting numbers.

Associative Property of Multiplication The property that states that when the grouping of factors is changed, the product remains the same.

Distributive Property The property that states that multiplying a sum by a number is the same as multiplying each addend by the number and then adding the products.

Dear Family,

During the next few weeks, our math class will be learning how to multiply with the factors 2, 3, 4, 5, 6, 7, 8, 9, and 10.

You can expect to see homework that provides practice with multiplication facts and strategies.

Here is a sample of how your child will be taught to multiply with 3 as a factor.

🔑 MODEL Multiply with 3

This is one way we will be multiplying with 3 to solve problems.

Teddy made a face on 1 cookie, using 3 raisins. How many raisins will he need for 4 cookies?

Drawing a picture is a way to solve this problem.

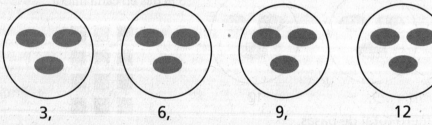

| 3, | 6, | 9, | 12 |

Skip count by 3s to find the number of raisins in all.

3, 6, 9, 12

4 groups of 3 is 12. $4 \times 3 = 12$

So, he will need 12 raisins for 4 cookies.

 Tips

Another Way to Solve Multiplication Problems

Making an array is another way to solve the problem. Use tiles to make an array of 4 rows with 3 tiles in each row.

Count all the tiles.

4 groups of 3 is 12.

$4 \times 3 = 12$

Activity

Have your child draw more groups of 3 for 5, 6, 7, 8, and 9 cookies. Then have your child answer questions such as "How many raisins would be on 8 cookies? What do you multiply to find out?"

© Houghton Mifflin Harcourt Publishing Company

Nombre _____

Multiplicar con 2 y con 4

ESTÁNDAR COMÚN 3.OA.3
Represent and solve problems involving multiplication and division.

Escribe un enunciado de multiplicación para el modelo.

1.

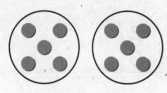

Piensa: Hay 2 grupos de 5 fichas.

$$\underline{\ 2\ } \times \underline{\ 5\ } = \underline{\ 10\ }$$

2.

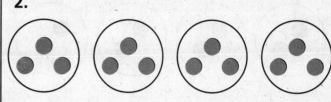

$$\underline{\ \ \ \ } \times \underline{\ \ \ \ } = \underline{\ \ \ \ }$$

Halla el producto.

3. $\begin{array}{r} 2 \\ \times\ 6 \\ \hline \end{array}$

4. $\begin{array}{r} 4 \\ \times\ 8 \\ \hline \end{array}$

5. $\begin{array}{r} 2 \\ \times\ 3 \\ \hline \end{array}$

6. $\begin{array}{r} 4 \\ \times\ 6 \\ \hline \end{array}$

7. $\begin{array}{r} 4 \\ \times\ 4 \\ \hline \end{array}$

8. $\begin{array}{r} 2 \\ \times\ 7 \\ \hline \end{array}$

9. $\begin{array}{r} 4 \\ \times\ 5 \\ \hline \end{array}$

10. $\begin{array}{r} 2 \\ \times\ 4 \\ \hline \end{array}$

Resolución de problemas

11. El lunes, Steven leyó 9 páginas de su nuevo libro. Para terminar el primer capítulo el martes, debe leer el doble de las páginas que leyó el lunes. ¿Cuántas páginas debe leer el martes?

12. En la escuela de Courtney se está llevando a cabo una noche de juegos en familia. En cada mesa hay 4 jugadores. Hay 7 mesas en total. ¿Cuántos jugadores hay en la noche de juegos en familia?

_____   _____

Revisión de la lección (3.OA.3)

1. ¿Qué enunciado de multiplicación se relaciona con el modelo?

_____

_____

2. Halla el producto.

$$\begin{array}{r} 2 \\ \times\ 8 \\ \hline \end{array}$$

Repaso en espiral (3.NBT.2, 3.MD.3)

3. Juan hizo una gráfica con dibujos para mostrar los colores favoritos de sus amigos. Esta es su clave.

Cada ⬤ = 2 amigos.

¿Cuántos amigos representan

?

_____

4. En la tabla se muestra la longitud de algunos senderos para caminatas.

Senderos para caminatas	
Nombre	Longitud (en pies)
Sendero de la montaña	844
Sendero del lago	792
Sendero de la armonía	528

¿Cuántos pies más largo es el Sendero de la montaña que el Sendero de la armonía?

_____

5. Halla la suma.

$$\begin{array}{r} 527 \\ +\ 154 \\ \hline \end{array}$$

6. En una gráfica de barras se muestra que los libros de deportes recibieron 9 votos. Si la escala va de 0 a 20 de 2 en 2, ¿dónde debe terminar la barra de los libros de deportes?

_____

Nombre _____

Multiplicar con 5 y con 10

ESTÁNDAR COMÚN   3.0A.3
Represent and solve problems involving multiplication and division.

Halla el producto.

1. $5 \times 7 =$ **35**   **2.** $5 \times 1 =$ _____   **3.** $2 \times 10 =$ _____   **4.** _____ $= 8 \times 5$

5. $1 \times 10 =$ _____   **6.** _____ $= 4 \times 5$ **7.** $5 \times 10 =$ _____   **8.** $7 \times 5 =$ _____

9. _____ $= 5 \times 5$ **10.** $5 \times 8 =$ _____   **11.** _____ $= 5 \times 9$ **12.** $10 \times 0 =$ _____

13.   5
       $\times\ 6$

14.   10
       $\times\ 7$

15.   5
       $\times\ 3$

16.   10
       $\times\ 4$

17.   5
       $\times\ 0$

18.   10
       $\times\ 8$

19.   5
       $\times\ 2$

20.   10
       $\times\ 6$

Resolución de problemas

21. Ginger toma 10 monedas de 5¢ para comprar algunos lápices en la tienda de la escuela. ¿Cuántos centavos tiene Ginger para gastar?

_____

22. En el gimnasio de la Escuela Evergreen hay 3 canchas de básquetbol. En cada cancha juegan 5 jugadores. ¿Cuántos jugadores hay en total?

_____

Revisión de la lección (3.OA.3)

1. La Sra. Hinely cultiva rosas. Hay 6 rosas en cada uno de sus 10 rosales. ¿Cuántas rosas hay en total en los rosales de la Sra. Hinely?

_____

2. Halla el producto.

$$\begin{array}{r} 5 \\ \times\ 8 \\ \hline \end{array}$$

Repaso en espiral (3.OA.9, 3.NBT.1, 3.MD.3)

3. La clase del maestro Miller votó para decidir dónde ir de excursión. Usa la gráfica con dibujos para hallar qué opción obtuvo más votos.

Opciones para la excursión	
Centro de ciencias	★★
Acuario	★★★★
Zoológico	★★★★
Museo	★★
Clave: Cada ★ = 2 votos.	

_____

4. Zack hizo la siguiente tabla para su encuesta.

Jugo favorito	
Sabor	Votos
Uva	16
Naranja	10
Fresa	9
Manzana	12

¿Cuántos estudiantes fueron encuestados en total?

_____

5. ¿Cuál de los siguientes números es par?

25, 28, 31, 37

_____

6. Estima la suma.

$$\begin{array}{r} 479 \\ +\ 89 \\ \hline \end{array}$$

_____

Nombre _____

Multiplicar con 3 y con 6

ESTÁNDAR COMÚN 3.OA.3
Represent and solve problems involving multiplication and division.

Halla el producto.

1. $6 \times 4 =$ __24__   2. $3 \times 7 =$ _____   3. _____ $= 2 \times 6$ 4. _____ $= 3 \times 5$

Piensa: Puedes usar dobles.
$$3 \times 4 = 12$$
$$12 + 12 = 24$$

5. $1 \times 3 =$ _____   6. _____ $= 6 \times 8$ 7. $3 \times 9 =$ _____   8. _____ $= 6 \times 6$

9. $\begin{array}{r} 4 \\ \times\ 3 \\ \hline \end{array}$ 10. $\begin{array}{r} 6 \\ \times\ 5 \\ \hline \end{array}$ 11. $\begin{array}{r} 2 \\ \times\ 3 \\ \hline \end{array}$ 12. $\begin{array}{r} 6 \\ \times\ 3 \\ \hline \end{array}$

13. $\begin{array}{r} 10 \\ \times\ 6 \\ \hline \end{array}$ 14. $\begin{array}{r} 3 \\ \times\ 6 \\ \hline \end{array}$ 15. $\begin{array}{r} 7 \\ \times\ 6 \\ \hline \end{array}$ 16. $\begin{array}{r} 3 \\ \times\ 0 \\ \hline \end{array}$

17. $\begin{array}{r} 9 \\ \times\ 6 \\ \hline \end{array}$ 18. $\begin{array}{r} 3 \\ \times\ 3 \\ \hline \end{array}$ 19. $\begin{array}{r} 10 \\ \times\ 3 \\ \hline \end{array}$ 20. $\begin{array}{r} 1 \\ \times\ 6 \\ \hline \end{array}$

Resolución de problemas

21. James conectó 3 jits en cada uno de sus partidos de béisbol. Ha jugado 4 partidos de béisbol. ¿Cuántos jits ha conectado en total?

_____

22. La Sra. Burns está comprando panecillos. Hay 6 panecillos en cada caja. Si compra 5 cajas, ¿cuántos panecillos comprará?

_____

Revisión de la lección (3.OA.3)

1. Paco compra un cartón de huevos. En el cartón hay 2 hileras de huevos. Hay 6 huevos en cada hilera. ¿Cuántos huevos hay en el cartón?

_____

2. Halla el producto.

$$\begin{array}{r} 9 \\ \times\ 3 \\ \hline \end{array}$$

Repaso en espiral (3.OA.3, 3.NBT.2, 3.MD.3)

3. Halla la diferencia.

$$\begin{array}{r} 568 \\ -\ 283 \\ \hline \end{array}$$

4. Dwight encestó el doble de canastas en la segunda mitad del partido de básquetbol que las que encestó en la primera mitad. Encestó 5 canastas en la primera mitad. ¿Cuántas canastas encestó en la segunda mitad?

_____

5. En la gráfica con dibujos de Jane, el símbolo 😊 representa 2 estudiantes. Una hilera de la gráfica con dibujos tiene 8 símbolos. ¿A cuántos estudiantes representa una hilera?

_____

6. ¿Qué enunciado de multiplicación se muestra en la siguiente matriz?

_____

Nombre _____

Álgebra • La propiedad distributiva

ESTÁNDAR COMÚN 3.OA.5
Understand properties of multiplication and the relationship between multiplication and division.

Escribe una manera de separar la matriz.

Luego halla el producto.

1.

$$(3 \times 7) + (3 \times 7)$$

$$42$$

2. _____

_____

3.

_____

4.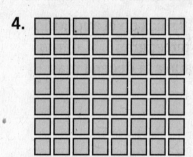

_____

Resolución de problemas

5. En la biblioteca se colocaron 2 hileras de 8 sillas para una función de títeres. ¿Cuántas sillas hay en total? Usa la propiedad distributiva para resolver el problema.

6. En una banda de música hay 4 hileras de trompetistas con 10 trompetistas en cada hilera. ¿Cuántos trompetistas hay en la banda de música? Usa la propiedad distributiva para resolver el problema.

Revisión de la lección (3.OA.5)

1. ¿Qué enunciado numérico es un ejemplo de la propiedad distributiva?

2. ¿Cuál de las siguientes opciones es una manera de separar la matriz?

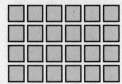

_____

_____

Repaso en espiral (3.NBT.1, 3.NBT.2, 3.MD.3)

3. Se colocaron 448 sillas en el auditorio para la obra de tercer grado. ¿Cuánto es 448 redondeado a la decena más próxima?

4. Halla la diferencia.

$$400$$
$$-\ 296$$

_____

5. Hay 662 refrigerios de frutas en un cajón y 186 en otro. ¿Cuántos refrigerios hay en total?

$$622$$
$$+\ 186$$

6. ¿Qué deporte practican 6 estudiantes?

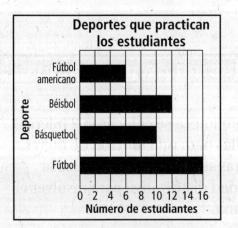

_____   _____

Nombre _____

Multiplicar con 7

ESTÁNDAR COMÚN 3.OA.7
Multiply and divide within 100.

Halla el producto.

1. $6 \times 7 = \underline{42}$ **2.** $\underline{} = 7 \times 9$ **3.** $\underline{} = 1 \times 7$ **4.** $3 \times 7 = \underline{}$

5. $7 \times 7 = \underline{}$ **6.** $\underline{} = 2 \times 7$ **7.** $7 \times 8 = \underline{}$ **8.** $\underline{} = 4 \times 7$

9. $\begin{array}{r} 7 \\ \times\ 5 \\ \hline \end{array}$ **10.** $\begin{array}{r} 7 \\ \times\ 1 \\ \hline \end{array}$ **11.** $\begin{array}{r} 6 \\ \times\ 7 \\ \hline \end{array}$ **12.** $\begin{array}{r} 7 \\ \times\ 4 \\ \hline \end{array}$ **13.** $\begin{array}{r} 2 \\ \times\ 7 \\ \hline \end{array}$

14. $\begin{array}{r} 10 \\ \times\ 7 \\ \hline \end{array}$ **15.** $\begin{array}{r} 3 \\ \times\ 7 \\ \hline \end{array}$ **16.** $\begin{array}{r} 7 \\ \times\ 9 \\ \hline \end{array}$ **17.** $\begin{array}{r} 8 \\ \times\ 7 \\ \hline \end{array}$ **18.** $\begin{array}{r} 7 \\ \times\ 0 \\ \hline \end{array}$

Resolución de problemas En el mundo

19. Julie compra un par de aretes a $7. Ahora le gustaría comprar el mismo tipo de aretes para 2 de sus amigas. ¿Cuánto gastará en los 3 pares de aretes?

20. Owen y su familia irán a acampar en 8 semanas. Hay 7 días en 1 semana. ¿Cuántos días hay en 8 semanas?

_____   _____

Revisión de la lección (3.OA.7)

1. Halla el producto.

$$\begin{array}{r} 7 \\ \times\ 8 \\ \hline \end{array}$$

2. ¿Qué producto se muestra en la matriz?

_____

Repaso en espiral (3.OA.3, 3.OA.9, 3.NBT.1, 3.MD.3)

3. ¿Qué enunciado sobre los siguientes números es verdadero?

6, 12, 18, 24, 30

_____

4. ¿Cuántas personas más eligieron perros labradores que caniches?

Raza de perro favorita	
Perro	Número
Pastor alemán	58
Labrador	65
Caniche	26

_____

5. ¿Cuánto es 94 redondeado a la decena más próxima?

_____

6. Jack tiene 5 palitos planos. Necesita 4 veces ese número para un proyecto. ¿Cuántos palitos planos necesita Jack en total?

_____

Álgebra • La propiedad asociativa de la multiplicación

Escribe otra manera de agrupar los factores.
Luego halla el producto.

ESTÁNDAR COMÚN 3.OA.5
Understand properties of multiplication and the relationship between multiplication and division.

1. $(3 \times 2) \times 5$

$$\underline{3 \times (2 \times 5)}$$
$$30$$

2. $(4 \times 3) \times 2$

_____

_____

3. $2 \times (2 \times 8)$

_____

_____

4. $9 \times (2 \times 1)$

_____

_____

5. $2 \times (3 \times 6)$

_____

_____

6. $(4 \times 2) \times 5$

_____

_____

Usa paréntesis y las propiedades de la multiplicación.
Luego halla el producto.

7. $9 \times 1 \times 5 =$ _____

8. $3 \times 3 \times 2 =$ _____

9. $2 \times 4 \times 3 =$ _____

10. $5 \times 2 \times 3 =$ _____

11. $7 \times 1 \times 5 \times$ _____

12. $8 \times 2 \times 3 =$ _____

13. $7 \times 2 \times 3 =$ _____

14. $4 \times 1 \times 3 =$ _____

15. $10 \times 2 \times 4 =$ _____

Resolución de problemas

16. Beth y María irán a la feria del condado. El boleto cuesta $4 por persona por día. Planean ir 3 días. ¿Cuánto pagarán las niñas en total?

_____

17. La huerta de Randy tiene 3 hileras de zanahorias con 3 plantas en cada hilera. El próximo año planea plantar 4 veces el número de hileras de 3 plantas. ¿Cuántas plantas tendrá el año próximo?

_____

Revisión de la lección (3.OA.5)

1. Hay 2 asientos en cada vagón de un tren de paseo. En cada asiento viajan dos personas. Si un tren tiene 5 vagones, ¿cuántas personas entran en un tren en total?

2. Crystal tiene 2 CD en cada caja. Tiene 3 cajas en cada uno de sus 6 estantes. ¿Cuántos CD tiene Crystal en total?

Repaso en espiral (3.OA.3, 3.NBT.1, 3.NBT2, MD.3)

3. Halla la suma.

$$\begin{array}{r} 472 \\ + 186 \\ \hline \end{array}$$

4. Trevor hizo una gráfica con dibujos para mostrar cuántos minutos montó en bicicleta cada estudiante la semana pasada. Esta es su clave.

Cada ⊛ = 10 minutos.

¿Qué representa ⊛ ⊛ ⅜?

5. Madison tiene 142 adhesivos en su colección. ¿Cuánto es 142 redondeado a la decena más próxima?

6. Hay 5 páginas con fotos. En cada página hay 6 fotos. ¿Cuántas fotos hay en total?

Nombre _____

Álgebra · Patrones en la tabla de multiplicar

ESTÁNDAR COMÚN 3.0A.9
Solve problems involving the four operations and identify and explain patterns in arithmetic.

¿El producto es par o impar? Escribe *par* o *impar*.

1. $2 \times 7 =$ **par**

Piensa: Los productos con el factor 2 son pares.

2. $4 \times 6 =$ _____

3. $8 \times 3 =$ _____

4. $2 \times 3 =$ _____

5. $9 \times 9 =$ _____

6. $5 \times 7 =$ _____

7. $6 \times 3 =$ _____

Usa la tabla de multiplicar. Describe un patrón que observes.

8. en la columna correspondiente a 5

_____

_____

_____

9. en la hilera correspondiente a 10

_____

_____

_____

10. en las hileras correspondientes a 3 y 6

_____

_____

×	0	1	2	3	4	5	6	7	8	9	10
0	0	0	0	0	0	0	0	0	0	0	0
1	0	1	2	3	4	5	6	7	8	9	10
2	0	2	4	6	8	10	12	14	16	18	20
3	0	3	6	9	12	15	18	21	24	27	30
4	0	4	8	12	16	20	24	28	32	36	40
5	0	5	10	15	20	25	30	35	40	45	50
6	0	6	12	18	24	30	36	42	48	54	60
7	0	7	14	21	28	35	42	49	56	63	70
8	0	8	16	24	32	40	48	56	64	72	80
9	0	9	18	27	36	45	54	63	72	81	90
10	0	10	20	30	40	50	60	70	80	90	100

Resolución de problemas

11. Carl sombrea una hilera de la tabla de multiplicar. Los productos de la hilera son todos pares. Los dígitos de las unidades en los productos se repiten: 0, 4, 8, 2, 6. ¿Qué hilera sombrea Carl?

12. Jenna dice que ninguna hilera ni columna contiene productos con números impares solamente. ¿Estás de acuerdo? **Explícalo.**

_____

_____

_____

Álgebra • Patrones en la tabla de multiplicar

Revisión de la lección (3.OA.9)

1. ¿El producto de 4 × 9 es par o impar?

2. Describe este patrón:

10, 15, 20, 25, 30

_____

_____

Repaso en espiral (3.OA.3, 3.OA.5, 3.NBT.2, 3.MD.3)

3. Lexi tiene 2 latas de pelotas de tenis. Hay 3 pelotas de tenis en cada lata. Compra 2 latas más. ¿Cuántas pelotas de tenis tiene en total ahora?

4. Usa la gráfica con dibujos.

¿Cuántos estudiantes tienen ojos verdes?

_____

5. Sasha compró 3 cajas de lápices. Si cada caja tiene 6 lápices, ¿cuántos lápices compró Sasha en total?

6. Halla la suma.

$$\begin{array}{r} 219 \\ + 763 \\ \hline \end{array}$$

_____

Multiplicar con 8

ESTÁNDAR COMÚN 3.OA.7
Multiply and divide within 100.

Halla el producto.

1. $8 \times 10 = \underline{\ 80\ }$ **2.** $8 \times 8 = \underline{\hspace{1.5em}}$ **3.** $8 \times 5 = \underline{\hspace{1.5em}}$ **4.** $3 \times 8 = \underline{\hspace{1.5em}}$

5. $\underline{\hspace{1.5em}} \times 4 = 8$ **6.** $8 \times 7 = \underline{\hspace{1.5em}}$ **7.** $6 \times 8 = \underline{\hspace{1.5em}}$ **8.** $\underline{\hspace{1.5em}} \times 9 = 8$

9. $\begin{array}{r} 8 \\ \times\ 2 \\ \hline \end{array}$ **10.** $\begin{array}{r} 6 \\ \times\ 8 \\ \hline \end{array}$ **11.** $\begin{array}{r} 8 \\ \times\ 7 \\ \hline \end{array}$ **12.** $\begin{array}{r} 0 \\ \times\ 8 \\ \hline \end{array}$ **13.** $\begin{array}{r} 8 \\ \times\ 5 \\ \hline \end{array}$

14. $\begin{array}{r} 8 \\ \times\ 8 \\ \hline \end{array}$ **15.** $\begin{array}{r} 9 \\ \times\ 8 \\ \hline \end{array}$ **16.** $\begin{array}{r} 8 \\ \times\ 3 \\ \hline \end{array}$ **17.** $\begin{array}{r} 8 \\ \times\ 1 \\ \hline \end{array}$ **18.** $\begin{array}{r} 4 \\ \times\ 8 \\ \hline \end{array}$

Resolución de problemas

19. Hay 6 equipos en la liga de básquetbol. Cada equipo tiene 8 jugadores. ¿Cuántos jugadores hay en total?

_____

20. Lynn tiene 4 pilas de monedas de 25¢. Hay 8 monedas de 25¢ en cada pila. ¿Cuántas monedas de 25¢ tiene Lynn en total?

_____

21. Tomás está preparando 7 canastas para una feria. Coloca 8 manzanas en cada canasta. ¿Cuántas manzanas hay en las canastas en total?

_____

22. Hay 10 lápices en una caja. Si Jenna compra 8 cajas, ¿cuántos lápices comprará?

_____

Revisión de la lección (3.OA.7)

1. Halla el producto.

$$5 \times 8 =$$

2. Hay 7 tarántulas en la exposición de arañas del zoológico. Cada tarántula tiene 8 patas. ¿Cuántas patas tienen las 7 tarántulas en total?

_____

_____

Repaso en espiral (3.OA.3, 3.NB.1, 3.NBT.2, 3.MD.3)

3. Halla la diferencia.

$$\begin{array}{r} 652 \\ -99 \\ \hline \end{array}$$

4. La biblioteca de la escuela recibió un pedido de 232 libros nuevos. ¿Cuánto es 232 redondeado a la decena más próxima?

_____

5. En la gráfica con dibujos de Sam se muestra que 8 estudiantes eligieron pizza como su comida favorita. La clave para la gráfica es la siguiente:

Cada ☺ = 2 estudiantes.

¿Cuántas ☺ deben aparecer junto a la palabra pizza en la gráfica con dibujos?

6. Tashia compra 5 bolsas de naranjas. Cada bolsa tiene 4 naranjas. ¿Cuántas naranjas compra Tashia en total?

_____

_____

Multiplicar con 9

ESTÁNDAR COMÚN 3.OA.7
Multiply and divide within 100.

Halla el producto.

1. $10 \times 9 = \underline{90}$ **2.** $2 \times 9 = \underline{}$ **3.** $9 \times 4 = \underline{}$ **4.** $0 \times 9 = \underline{}$

5. $1 \times 9 = \underline{}$ **6.** $8 \times 9 = \underline{}$ **7.** $9 \times 5 = \underline{}$ **8.** $6 \times 9 = \underline{}$

9. $\begin{array}{r} 9 \\ \times\ 4 \\ \hline \end{array}$ **10.** $\begin{array}{r} 5 \\ \times\ 9 \\ \hline \end{array}$ **11.** $\begin{array}{r} 9 \\ \times\ 7 \\ \hline \end{array}$ **12.** $\begin{array}{r} 2 \\ \times\ 9 \\ \hline \end{array}$ **13.** $\begin{array}{r} 9 \\ \times\ 9 \\ \hline \end{array}$

14. $\begin{array}{r} 10 \\ \times\ 9 \\ \hline \end{array}$ **15.** $\begin{array}{r} 3 \\ \times\ 9 \\ \hline \end{array}$ **16.** $\begin{array}{r} 9 \\ \times\ 8 \\ \hline \end{array}$ **17.** $\begin{array}{r} 6 \\ \times\ 9 \\ \hline \end{array}$ **18.** $\begin{array}{r} 9 \\ \times\ 1 \\ \hline \end{array}$

Resolución de problemas

19. Hay 9 posiciones en el equipo de sóftbol. Se prueban 3 personas para cada posición. ¿Cuántas personas se prueban en total?

_____

20. Carlos compró un libro a $9. Ahora le gustaría comprar otros 4 libros al mismo precio. ¿Cuánto tendrá que pagar en total por los otros 4 libros?

_____

Revisión de la lección (3.OA.7)

1. Halla el producto.

$$7 \times 9 =$$

2. Claire compra 5 boletos para el musical de la escuela secundaria. Cada boleto cuesta $9. ¿Cuánto cuestan los boletos en total?

Repaso en espiral (3.OA.3, 3.OA.7, 3.MD.3)

3. En la tabla se muestra el color de cabello de las niñas de la clase de Kim. ¿Cuántas niñas tienen cabello color café?

Clase de Kim	
Color de cabello	Número de niñas
Café	JHH I
Negro	III
Rubio	IIII
Rojo	I

4. Miguel recogió 9 camisas de la tintorería. El lavado de cada camisa costó $4. ¿Cuánto gastó Miguel en el lavado de las 9 camisas?

5. En una gráfica con dibujos, cada ilustración de una pelota de béisbol es igual a 5 partidos ganados por un equipo. La hilera de los Halcones tiene 7 pelotas de béisbol. ¿Cuántos partidos han ganado los Halcones?

6. Una matriz tiene 8 hileras con 4 círculos en cada hilera. ¿Cuántos círculos hay en la matriz?

Nombre _____

Resolución de problemas • La multiplicación

ESTÁNDAR COMÚN 3.OA.8
Solve problems involving the four operations, and identify and explain patterns in arithmetic.

Resuelve.

1. Henry tiene un álbum nuevo para sus tarjetas de béisbol. Hay páginas en las que caben 6 tarjetas y páginas en las que caben 3 tarjetas. Si Henry tiene 36 tarjetas, ¿de cuántas maneras diferentes las puede colocar en su álbum?

Páginas con 6 tarjetas	1	2	3	4	5
Páginas con 3 tarjetas	10	8	6	4	2
Total de tarjetas	36	36	36	36	36

Henry puede colocar las tarjetas en su álbum de __5__ maneras.

---

2. La Sra. Hernández tiene 17 plantas de tomate que quiere plantar en hileras. Colocará 2 plantas en algunas hileras y 1 planta en otras. ¿De cuántas maneras diferentes puede plantar las plantas de tomate? Haz una tabla para resolver el problema.

Hileras con 2 plantas	
Hileras con 1 planta	
Total de plantas	

La Sra. Hernández puede plantar

las plantas de tomate de _____ maneras.

---

3. Bianca tiene un total de 25¢. Tiene algunas monedas de 5¢ y algunas de 1¢. ¿Cuántas combinaciones diferentes de monedas de 5¢ y monedas de 1¢ podría tener Bianca? Haz una tabla para resolver el problema.

Número de monedas de 5¢	
Número de monedas de 1¢	
Valor total	

Bianca podría tener _____ combinaciones de 25¢.

Revisión de la lección (3.OA.8)

1. En la tabla de la derecha se muestran las diferentes maneras en que Cameron puede exhibir sus 12 carros de juguete en estantes. ¿En cuántos estantes colocará 2 carros si en 8 de los estantes coloca 1 carro en cada uno?

Estantes con 1 carro	2	4	6	8	10
Estantes con 2 carros	5	4	3	■	■
Total de carros	12	12	12	12	12

Repaso en espiral (3.OA.3, 3.NBT.1, 3.NBT.2, 3.MD.3)

2. Halla la suma.

$$317$$
$$+ \ 151$$

3. La cafetería de la escuela tiene un pedido de 238 almuerzos calientes. ¿Cuánto es 238 redondeado a la decena más próxima?

4. Tyler hizo una gráfica con dibujos para mostrar los colores favoritos de los estudiantes. Esta es su clave.

    Cada ● = 3 votos.

    Si 12 estudiantes votaron por el color verde, ¿cuántos ● habrá en la hilera del color verde de la gráfica con dibujos?

5. En cada soporte para bicicletas de la escuela hay 5 bicicletas. Hay 6 soportes para bicicletas. ¿Cuántas bicicletas hay en total en los soportes?

Carta
para la casa

Querida familia:

Durante las próximas semanas, en la clase de matemáticas aprenderemos más sobre la multiplicación. Aprenderemos estrategias para hallar un factor desconocido y para multiplicar por múltiplos de 10.

El estudiante llevará a casa tareas para practicar estrategias para multiplicar con múltiplos de 10.

Este es un ejemplo de cómo se le enseñará a usar una recta numérica para multiplicar.

Vocabulario

ecuación Un enunciado numérico que incluye un signo de la igualdad para mostrar que dos cantidades son iguales.

factor Un número que se multiplica por otro número para hallar un producto.

múltiplo Un número que es el producto de dos números positivos.

producto El resultado de un problema de multiplicación.

🔒 MODELO Usa una recta numérica para hallar 3×50.

Piensa: $50 = 5$ decenas

PASO 1

Dibuja una recta numérica y escribe los rótulos para los múltiplos de 10.

PASO 2

Dibuja saltos en la recta numérica para mostrar 3 grupos de 5 decenas.

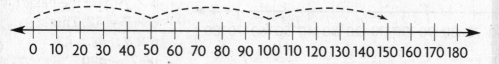

0 10 20 30 40 50 60 70 80 90 100 110 120 130 140 150 160 170 180

Entonces, $3 \times 50 = 150$.

Pistas

Usar el valor posicional para multiplicar

Otra forma de multiplicar por un múltiplo de 10 es usar una operación de multiplicación y el valor posicional. Para multiplicar 6×70, usa la operación básica $6 \times 7 = 42$. Piensa: 6×7 decenas $= 42$ decenas o 420.

Actividad

Ayude a su niño a dibujar y usar modelos para multiplicar con múltiplos de 10. Pida a su niño que resuelva problemas, como: "Hay 6 chispas de chocolate en una galleta. ¿Cómo multiplicas para hallar el número de chispas de chocolate que hay en 20 galletas?".

Chapter 5

School-Home Letter

Vocabulary

equation A number sentence that uses the equal sign to show that two amounts are equal.

factor A number that is multiplied by another number to find a product.

multiple A number that is the product of two counting numbers.

product The answer to a multiplication problem.

Dear Family,

During the next few weeks, our math class will be learning more about multiplication. We will learn strategies for finding an unknown factor and for multiplying with multiples of 10.

You can expect to see homework that provides practice with strategies for multiplying with multiples of 10.

Here is a sample of how your child will be taught to use a number line to multiply.

🔑 MODEL Use a number line to find 3 × 50.

Think: 50 × 5 tens

STEP 1

Draw a number line and write the labels for multiples of 10.

STEP 2

Draw jumps on the number line to show 3 groups of 5 tens.

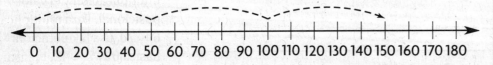

0 10 20 30 40 50 60 70 80 90 100 110 120 130 140 150 160 170 180

So, 3 × 50 = 150.

Tips

Using Place Value to Multiply

Using a multiplication fact and place value is another way to multiply by a multiple of 10. To multiply 6 × 70, use the basic fact 6 × 7 = 42. Think: 6 × 7 tens = 42 tens, or 420.

Activity

Help your child draw and use models to multiply with multiples of 10. Ask your child to solve problems such as, "There are 6 chocolate chips on one cookie. How do you multiply to find the number of chocolate chips on 20 cookies?"

Álgebra • Describir patrones

ESTÁNDAR COMÚN 3.OA.9
Solve problems involving the four operations, and identify and explain patterns in arithmetic.

Describe un patrón para la tabla. Luego completa la tabla.

1.

Bandejas	1	2	3	4	5
Panecillos	6	12	18	**24**	**30**

Suma 6 panecillos por cada bandeja; multiplica el número de bandejas por 6.

2.

Carros	2	3	4	5	6
Ruedas	8	12	16		

_____

_____

_____

3.

Floreros	Flores
2	14
3	
4	28
5	
6	42

4.

Arañas	Patas
1	8
2	
3	24
4	
5	40

_____

_____

Resolución de problemas

5. Caleb compró 5 envases de yogur. Cada envase tiene 8 tazas de yogur. ¿Cuántas tazas de yogur compró Caleb?

_____

6. Libby compró 4 cajas de lápices. Cada caja tiene 6 lápices. ¿Cuántos lápices compró Libby?

_____

Revisión de la lección (3.OA.9)

1. Describe el patrón de la tabla.

Mesas	1	2	3	4	5
Sillas	5	10	15	20	25

_____

2. ¿Qué número completa la siguiente tabla?

Mariposas	3	4	5	6	7
Alas	12	16	20	■	28

_____

Repaso en espiral (3.OA.3, 3.OA.7)

3. Jennilee compró 7 cajas de crayones. Hay 6 crayones en cada caja. ¿Cuántos crayones compró Jennilee en total?

_____

4. Maverick compró 5 talonarios de boletos para el circo. Cada talonario tiene 5 boletos. ¿Cuántos boletos tiene Maverick en total?

_____

5. Bailey paseó su perro 2 veces por día durante 9 días. ¿Cuántas veces paseó Bailey su perro en total?

_____

6. La compañía de árboles de Drew envía perales en grupos de 4. Ayer, la compañía envió 8 grupos de perales. ¿Cuántos perales se enviaron en total?

_____

Nombre _____

Álgebra • Hallar números desconocidos

ESTÁNDAR COMÚN 3.0A.4
Represent and solve problems involving multiplication and division.

Halla el factor desconocido.

1. $n \times 3 = 12$

Piensa: ¿A cuántos grupos de 3 es igual 12?

$n = \underline{\quad 4 \quad}$

2. $s \times 8 = 64$

$s = \underline{\quad\quad}$

3. $21 = 7 \times n$

$n = \underline{\quad\quad}$

4. $y \times 2 = 18$

$y = \underline{\quad\quad}$

5. $5 \times p = 10$

$p = \underline{\quad\quad}$

6. $56 = 8 \times t$

$t = \underline{\quad\quad}$

7. $m \times 4 = 28$

$m = \underline{\quad\quad}$

8. $\bigstar \times 1 = 9$

$\bigstar = \underline{\quad\quad}$

9. $18 = 6 \times r$

$r = \underline{\quad\quad}$

10. $u \times 5 = 30$

$u = \underline{\quad\quad}$

11. $4 \times \blacksquare = 24$

$\blacksquare = \underline{\quad\quad}$

12. $w \times 7 = 35$

$w = \underline{\quad\quad}$

13. $b \times 6 = 54$

$b = \underline{\quad\quad}$

14. $5 \times \blacktriangle = 40$

$\blacktriangle = \underline{\quad\quad}$

15. $30 = d \times 3$

$d = \underline{\quad\quad}$

16. $7 \times k = 42$

$k = \underline{\quad\quad}$

Resolución de problemas

17. Carmen gastó $42 en 6 sombreros. ¿Cuánto costó cada sombrero?

_____

18. Mark tiene una bandeja para hornear con 24 panecillos. Los panecillos están ordenados en 4 hileras iguales. ¿Cuántos panecillos hay en cada hilera?

_____

Revisión de la lección (3.OA.4)

1. ¿Cuál es el factor desconocido?

$$b \times 7 = 56$$

2. ¿Cuál es el factor desconocido que se muestra en esta matriz?

$$3 \times \blacksquare = 24$$

Repaso en espiral (3.OA.3, 3.OA.5)

3. ¿El enunciado numérico $4 \times 6 = 6 \times 4$ es un ejemplo de qué propiedad?

4. Halla el producto.

$$5 \times (4 \times 2)$$

5. ¿El enunciado numérico $4 \times 7 = (4 \times 3) + (4 \times 4)$ es un ejemplo de qué propiedad?

6. En un grupo de 10 niños, cada uno tenía 2 sombreros. ¿Cuántos sombreros tenían en total?

Nombre _____

Resolución de problemas • Usar la propiedad distributiva

ESTÁNDAR COMÚN 3.NBT.2
Use place value understanding and properties of operations to perform multi-digit arithmetic.

Lee los problemas y resuélvelos.

1. Cada vez que un estudiante entrega una prueba de ortografía perfecta, la maestra Ricks pone un cuadrado de honor en el tablero de anuncios. Hay 6 hileras de cuadrados en el tablero de anuncios. Cada hilera tiene 30 cuadrados. ¿Cuántas pruebas de ortografía perfectas se han entregado?

   Piensa: $6 \times 30 = 6 \times (10 + 10 + 10)$

   $ = 60 + 60 + 60 + 180$

   180 pruebas de ortografía
   _____

2. Norma practica el violín durante 50 minutos por día. ¿Cuántos minutos practica el violín en 7 días?

   _____

3. Un diseñador está creando un protector nuevo para la pared de atrás de un fregadero de cocina, que tendrá 5 hileras de azulejos. Cada hilera tendrá 20 azulejos. ¿Cuántos azulejos se necesitan para todo el protector?

   _____

4. En una pista de boliche se guardan los zapatos en casilleros pequeños que están en hileras. Hay 9 hileras con 20 casilleros cada una. Si hay un par de zapatos en cada casillero, ¿cuántos pares de zapatos hay?

   _____

5. Los estudiantes de tercer grado irán al museo de ciencias en 8 autobuses. Hay 40 estudiantes en cada autobús. ¿Cuántos estudiantes irán al museo?

   _____

Revisión de la lección (3.NBT.3)

1. En cada paquete de refrigerio hay 20 galletas. ¿Cuántas galletas hay en total en 4 paquetes de refrigerio?

_____

2. Una máquina hace 70 resortes por hora. ¿Cuántos resortes hará la máquina en 8 horas?

_____

Repaso en espiral (3.OA.1, .3.NBT.1, .3.MD.4)

3. Lila leyó 142 páginas el viernes y 168 páginas el sábado. Estima la cantidad de páginas que leyó Lila el viernes y el sábado juntos.

_____

_____

4. Jésica escribió 6 + 6 + 6 + 6 en la pizarra. ¿Qué otra manera hay de mostrar 6 + 6 + 6 + 6?

_____

_____

Usa el diagrama de puntos para resolver los problemas 5 y 6.

5. Eliot hizo un diagrama de puntos para registrar el número de aves que vio en su comedero de aves. ¿Cuántos gorriones más que urracas vio?

_____

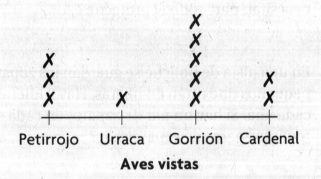

6. ¿Cuántos petirrojos y cardenales juntos vio Eliot?

_____

_____

Nombre _____

Estrategias de multiplicación con múltiplos de 10

ESTÁNDAR COMÚN 3.NBT.3
Use place value understanding and properties of operations to perform multi-digit arithmetic.

Usa una recta numérica para hallar el producto.

1. $2 \times 40 = \underline{\ 80\ }$

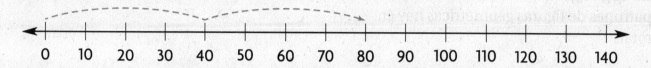

2. $4 \times 30 = \underline{\qquad}$

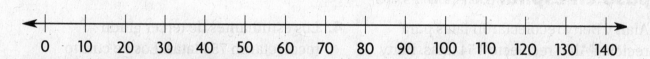

Usa el valor posicional para hallar el producto.

3. $5 \times 70 = 5 \times \underline{\qquad}$ decenas

    $= \underline{\qquad}$ decenas $= \underline{\qquad}$

4. $60 \times 4 = \underline{\qquad}$ decenas $\times 4$

    $= \underline{\qquad}$ decenas $= \underline{\qquad}$

5. $7 \times 30 = 7 \times \underline{\qquad}$ decenas

    $= \underline{\qquad}$ decenas $= \underline{\qquad}$

6. $90 \times 3 = \underline{\qquad}$ decenas $\times 3$

    $= \underline{\qquad}$ decenas $= \underline{\qquad}$

Resolución de problemas

7. En la exposición de un acuario hay 5 peceras. Cada pecera tiene capacidad para 50 galones de agua. ¿Cuánta agua pueden contener las 5 peceras en total?

_____

8. En la exposición de otro acuario, hay 40 peces en cada una de las 7 peceras que se exhiben. ¿Cuántos peces hay en la exposición en total?

_____

Revisión de la lección (3.NBT.3)

1. Cada bolsa de patrones de figuras geométricas contiene 50 figuras. Para hacer un patrón para la clase, un maestro combina 4 bolsas de patrones de figuras geométricas. ¿Cuántos patrones de figuras geométricas hay en total?

_____

_____

2. Una tienda de comestibles recibe 8 bloques de queso. Cada bloque de queso pesa 60 onzas. ¿Cuál es el peso total de los quesos?

_____

_____

Repaso en espiral (3.NBT.1, 3.NBT.2, 3.MD.3)

3. Alan y Betty recolectaron latas para reciclar. Alan recolectó 154 latas. Betty recolectó 215 latas. ¿Cuántas latas recolectaron en total?

_____

_____

4. Los estudiantes de tercer grado recolectaron 754 latas. Los de cuarto grado recolectaron 592 latas. Estima cuántas latas más recolectaron los alumnos de tercer grado.

_____

_____

Usa la gráfica de barras para resolver los ejercicios 5 y 6.

5. ¿Cuántos libros más leyó Ed que Bob?

_____

6. ¿Cuántos libros en total leyeron los cuatro estudiantes en junio?

_____

Libros leídos en junio

Nombre _____

Multiplicar números de un dígito por múltiplos de 10

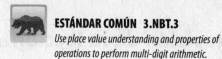

ESTÁNDAR COMÚN 3.NBT.3
Use place value understanding and properties of operations to perform multi-digit arithmetic.

Halla el producto. Usa bloques de base diez o haz un dibujo rápido.

1. $4 \times 50 = \underline{200}$

2. $60 \times 3 = \underline{\hspace{1cm}}$

3. $\underline{\hspace{1cm}} = 60 \times 5$

Halla el producto.

4.   30
      × 8

5.   50
      × 2

6.   60
      × 7

7.   70
      × 4

8. $6 \times 90 = \underline{\hspace{1cm}}$

9. $9 \times 70 = \underline{\hspace{1cm}}$

10. $8 \times 90 = \underline{\hspace{1cm}}$

11. $\underline{\hspace{1cm}} = 6 \times 80$

Resolución de problemas

12. Cada carro de juguete de una colección cuesta $4. Hay 30 carros de juguete diferentes en la colección. ¿Cuánto costará comprar todos los carros de la colección?

13. Amanda hace ejercicio 50 minutos por día. ¿Cuántos minutos hará ejercicio en 7 días?

_____

_____

Revisión de la lección (3.NBT.3)

1. En cada estante de una sección de la biblioteca hay 30 libros. En esa sección, hay 9 estantes. ¿Cuántos libros habrá en esos estantes?

2. Con una lata de mezcla para jugo se pueden hacer 2 litros de jugo. ¿Cuántos litros de jugo se pueden hacer con 6 latas de mezcla para jugo?

Repaso en espiral (3.OA.3, 3.OA.5, 3.OA.8)

3. Sue compró 7 latas de pelotas de tenis. Hay 3 pelotas en cada lata. ¿Cuántas pelotas compró Sue?

4. Usa la propiedad conmutativa de la multiplicación para escribir un enunciado de multiplicación relacionado.

$$3 \times 4 = 12$$

5. Lyn dibujó este modelo de barras para resolver un problema. ¿Qué operación debería usar para hallar el número desconocido?

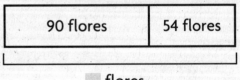

flores

6. Joe dibujó este modelo de barras para hallar el número desconocido de pelotas. Halla el número desconocido.

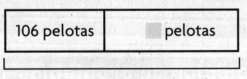

250 pelotas

Carta para la casa

Vocabulario

dividendo El número que se divide en un problema de división.

dividendo, divisor, cociente Las partes de un problema de división. Hay dos maneras de anotar la división.

$$10 \div 2 = 5$$

dividendo   divisor   cociente

$$\text{divisor} \rightarrow 2\overline{)10} \leftarrow \text{cociente}$$

dividendo

Querida familia:

Durante las próximas semanas, en la clase de matemáticas aprenderemos sobre la división. Aprenderemos cómo la división se relaciona con la resta y por qué la multiplicación y la división son operaciones inversas.

El estudiante llevará a casa tareas con actividades para practicar la división.

Este es un ejemplo de cómo se le enseñará a usar la resta repetida para resolver problemas de división.

🔑 MODELO Usa la resta repetida para dividir.

Así es como usaremos la resta repetida para dividir.

PASO 1

Comienza con el dividendo y resta el divisor hasta llegar a 0.

$$15 \div 5 = \underline{\quad}$$

$$\begin{array}{ccc} 15 & 10 & 5 \\ -5 & -5 & -5 \\ \hline 10 & 5 & 0 \end{array}$$

PASO 2

Cuenta la cantidad de veces que restas 5.

$$\begin{array}{ccc} 15 & 10 & 5 \\ -5 & -5 & -5 \\ \hline 10 & 5 & 0 \end{array} \text{(3 veces)}$$

Hay 3 grupos de 5 en 15.

PASO 3

Anota el cociente.

$$15 \div 5 = 3, \text{ ó}$$

$$5\overline{)15}^{\,3}$$

Quince dividido entre 5 es igual a 3.

Pistas

Contar hacia atrás en una recta numérica

Contar hacia atrás en una recta numérica es otra manera de hallar un cociente. Por ejemplo, en una recta numérica de 0 a 15, comienza en 15 y cuenta hacia atrás de 5 en 5 hasta 0. Luego cuenta la cantidad de saltos sobre la recta numérica (3 saltos) para hallar que $15 \div 5 = 3$.

Actividad

Muestre una cantidad de objetos que sea divisible entre 5. Pida al niño que use la resta repetida para resolver problemas de división. Por ejemplo: "Aquí hay 20 crayones. Quiero restar 5 crayones por vez hasta que no queden crayones. ¿Cuántas veces puedo restar?". Ordene los objetos para comprobar las respuestas.

School-Home Letter

Vocabulary

dividend The number that is to be divided in a division problem.

dividend, divisor, quotient The parts of a division problem. There are two ways to record division.

$$10 \div 2 = 5$$

dividend   divisor   quotient

$$\text{divisor} \rightarrow 2\overline{)10} \quad \leftarrow \text{quotient}$$

dividend

Dear Family,

During the next few weeks, our math class will be learning about division. We will learn how division is related to subtraction, and how multiplication and division are inverse operations.

You can expect to see homework that provides practice with division.

Here is a sample of how your child will be taught to use repeated subtraction to solve division problems.

🔑 MODEL Use Repeated Subtraction to Divide

This is how we will be using repeated subtraction to divide.

STEP 1

Start with the dividend and subtract the divisor until you reach 0.

$$15 \div 5 = \underline{}$$

$$\begin{array}{ccc} 15 & 10 & 5 \\ -5 & -5 & -5 \\ \hline 10 & 5 & 0 \end{array}$$

STEP 2

Count the number of times you subtract 5.

$$\begin{array}{ccc} 15 & 10 & 5 \\ -5 & -5 & -5 \\ \hline 10 & 5 & 0 \end{array} \text{ (3 times)}$$

There are 3 groups of 5 in 15.

STEP 3

Record the quotient.

$15 \div 5 = 3$, or

$$5\overline{)15}^{\,3}$$

Fifteen divided by 5 equals 3.

Tips

Counting Back on a Number Line

Counting back on a number line is another way to find a quotient. On a 0–15 number line, for example, start at 15 and count back by 5s to 0. Then count the number of jumps on a number line (3 jumps) to find that 15 = 5 = 3.

Activity

Display a number of objects that are divisible by 5. Have your child use repeated subtraction to solve division problems. For example: "Here are 20 crayons. I want to subtract 5 crayons at a time until there are no crayons left. How many times can I subtract?" Check answers by arranging the objects.

Resolución de problemas •
Representar la división

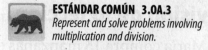

ESTÁNDAR COMÚN 3.0A.3
Represent and solve problems involving multiplication and division.

Resuelve los problemas.

1. Seis clientes de una tienda de juguetes compraron 18 cuerdas para saltar. Cada cliente compró la misma cantidad de cuerdas. ¿Cuántas cuerdas compró cada cliente?

3 cuerdas para saltar

2. Hiro tiene 36 fotografías de su viaje de verano y quiere colocarlas en un álbum. En cada página del álbum caben 4 fotografías. ¿Cuántas páginas necesitará Hiro para sus fotografías?

_____

3. Katia tiene 42 crayones en una caja. Compra un cajón para guardarlos que tiene 6 secciones. Coloca el mismo número de crayones en cada sección. ¿Cuántos crayones coloca Katia en cada sección del cajón?

_____

4. Los estudiantes de la maestra Taylor dan tarjetas a cada uno de los 3 padres que ayudan en la clase. Hay 24 tarjetas. ¿Cuántas tarjetas recibirá cada ayudante si los estudiantes le dan igual cantidad de tarjetas a cada uno?

_____

5. Jamie divide 20 adhesivos de béisbol en partes iguales entre 5 de sus amigos. ¿Cuántos adhesivos recibe cada amigo?

_____

Revisión de la lección (3.OA.3)

1. María compra 15 manzanas en la tienda y las coloca en bolsas. Coloca 5 manzanas en cada bolsa. ¿Cuántas bolsas usa María para todas las manzanas?

_____

2. El vecino de Tom está arreglando una sección de su pasillo. Tiene 32 ladrillos que coloca en 8 hileras iguales. ¿Cuántos ladrillos colocará el vecino de Tom en cada hilera?

_____

Repaso en espiral (3.OA.1, 3.OA.4, 3.OA.5, 3.MD.4)

3. Halla el factor desconocido.

$$7 \times \blacksquare = 56$$

_____

4. ¿Cuántos estudiantes practicaron piano más de 3 horas por semana?

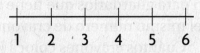

Horas de práctica de piano

_____

5. Cuenta los grupos iguales para hallar cuántos elementos hay.

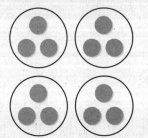

_____

6. ¿De qué otra manera se pueden agrupar los factores?

$$(3 \times 2) \times 5$$

_____

Nombre _____

El tamaño de grupos iguales

ESTÁNDAR COMÚN 3.0A.2
Represent and solve problems involving multiplication and division.

Usa fichas o haz un dibujo rápido. Forma grupos iguales. Completa la tabla.

	Fichas	Cantidad de grupos iguales	Cantidad en cada grupo
1.	15	3	5
2.	21	7	
3.	28	7	
4.	32	4	
5.	9	3	
6.	18	3	
7.	20	5	
8.	16	8	
9.	35	5	
10.	24	3	

Resolución de problemas

11. Alicia tiene 12 huevos que usará para hacer 4 recetas diferentes de galletas. Si para cada receta se necesita la misma cantidad de huevos, ¿cuántos huevos usará para cada una?

_____

12. Brett cortó 27 flores del jardín. Piensa darle la misma cantidad de flores a cada una de las 3 personas que lo acompañan. ¿Cuántas flores recibirá cada una?

_____

Revisión de la lección (3.OA.2)

1. Ryan tiene 21 lápices y quiere colocar la misma cantidad de lápices en cada uno de los 3 estuches que tiene. ¿Cuántos lápices pondrá en cada estuche?

2. Corrine coloca 24 platos en 6 mesas para una cena. Coloca la misma cantidad de platos en cada mesa. ¿Cuántos platos coloca Corrine en cada mesa?

Repaso en espiral (3.OA.1, 3.OA.4, 3.OA.5, 3.OA.9)

3. Cada mesa tiene 4 patas. ¿Cuántas patas tienen 4 mesas?

4. Tina tiene 3 pilas de 5 CD en cada uno de los 3 estantes de su recámara. ¿Cuántos CD tiene en total?

5. ¿Cuál es el factor desconocido?

$$7 \times \blacksquare = 35$$

6. Describe el patrón de la tabla.

Cantidad de paquetes	1	2	3	4	5
Cantidad de yoyós	3	6	9	12	?

El número de grupos iguales

ESTÁNDAR COMÚN 3.OA.2
Represent and solve problems involving multiplication and division.

Dibuja fichas en tu pizarra. Luego encierra grupos iguales en un círculo. Completa la tabla.

	Fichas	Cantidad de grupos iguales	Cantidad en cada grupo
1.	24	3	8
2.	35		7
3.	30		5
4.	16		4
5.	12		6
6.	36		9
7.	18		3
8.	15		5
9.	28		4
10.	27		3

Resolución de problemas · En el mundo

11. En su librería, Toby coloca 21 libros en estantes, donde caben 7 libros en cada estante. ¿Cuántos estantes necesita Toby?

12. El Sr. Holden tiene 32 monedas de 25¢ en pilas de 4 sobre su escritorio. ¿Cuántas pilas de monedas de 25¢ hay sobre su escritorio?

Revisión de la lección (3.OA.2)

1. Ramón trabaja en una tienda de ropa. Coloca 24 jeans en pilas de 8. ¿Cuántas pilas forma Ramón?

2. Hay 36 personas que hacen fila para dar un paseo en carromato. Solo 6 personas pueden viajar en cada carreta. Si cada carreta está completa, ¿cuántas carretas se necesitan para las 36 personas?

Repaso en espiral (3.OA.3, 3.OA.8, 3.OA.9, 3.NBT.3)

3. ¿Qué enunciado de multiplicación se muestra en la matriz?

○ ○ ○ ○ ○ ○ ○
○ ○ ○ ○ ○ ○ ○
○ ○ ○ ○ ○ ○ ○
○ ○ ○ ○ ○ ○ ○

4. Austin compra 4 cajas de clavos para su proyecto. Hay 30 clavos en cada caja. ¿Cuántos clavos compra Austin en total?

5. ¿Qué propiedad muestra el enunciado numérico?

$$8 + 0 = 8$$

6. Cada mes durante 6 meses, Kelsey terminó 5 cuadros. ¿Cuántos cuadros más debe terminar para llegar a completar 38 cuadros?

Nombre _____

Hacer un modelo con modelos de barras

ESTÁNDAR COMÚN 3.OA.2
Represent and solve problems involving multiplication and division.

Escribe una ecuación de división para la ilustración.

1.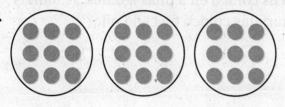

$$27 \div 3 = 9 \text{ ó } 27 \div 9 = 3$$

2.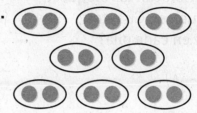

_____

3.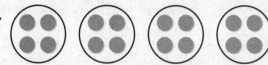

_____

4.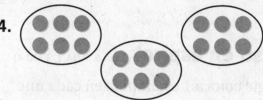

_____

Completa el modelo de barras para resolver los problemas. Luego escribe una ecuación de división para el modelo de barras.

5. Hay 15 postales en 3 pilas iguales. ¿Cuántas postales hay en cada pila?

| _____ | _____ | _____ |

15 postales

_____

6. Hay 21 llaveros. ¿Cuántos grupos de 3 llaveros puedes formar?

_____ grupos

| 3 | - - - - - - - - - - - | 3 |

21 llaveros

_____

Resolución de problemas

7. Jalyn recolectó 24 piedras y las colocó en 4 pilas iguales. ¿Cuántas piedras hay en cada pila?

_____

8. Tanner tenía 30 adhesivos y pegó 6 en cada página. ¿En cuántas páginas pegó adhesivos?

_____

Revisión de la lección (3.OA.2)

1. Jack y su hermanita apilan 24 bloques. Colocan los bloques en 3 pilas iguales. ¿Cuántos bloques hay en cada pila?

_____

2. Melissa hizo 45 tarjetas de felicitación. Las colocó en 5 pilas iguales. ¿Cuántas tarjetas colocó en cada pila?

_____

Repaso en espiral (3.OA.5, 3.OA.7, 3.MD.4)

3. Angie coloca 1 estampilla en cada uno de los 7 sobres que tiene. ¿Cuántas estampillas usa Angie?

_____

4. Una atracción de una feria tiene 8 carros. En cada carro caben 4 personas. ¿Cuántas personas hay en la atracción si todos los carros están completos?

_____

Usa el diagrama de puntos para resolver los problemas 5 y 6.

5. ¿Cuántas familias tienen 1 computadora en su hogar?

_____

6. ¿Cuántas familias tienen más de 1 computadora en su hogar?

_____

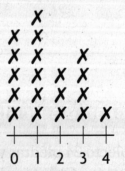

Cantidad de computadoras en el hogar

Nombre _____

Relacionar la resta y la división

 ESTÁNDAR COMÚN 3.OA.3
*Represent and solve problems involving
multiplication and division.*

Escribe una ecuación de división.

1.

$$\begin{array}{cc} 16 & \nearrow 12 \\ -4 & -4 \\ \hline 12 & 8 \end{array} \nearrow \begin{array}{c} 8 \\ -4 \\ \hline 4 \end{array} \nearrow \begin{array}{c} 4 \\ -4 \\ \hline 0 \end{array}$$

$$\underline{\qquad 16 \div 4 = 4 \qquad}$$

2.

0 1 2 3 4 5 6 7 8 9 10 11 12

_____

3.

0 1 2 3 4 5 6 7 8 9 10

_____

4.

$$\begin{array}{cc} 20 & \nearrow 15 \\ -5 & -5 \\ \hline 15 & 10 \end{array} \nearrow \begin{array}{c} 10 \\ -5 \\ \hline 5 \end{array} \nearrow \begin{array}{c} 5 \\ -5 \\ \hline 0 \end{array}$$

_____

Usa la resta repetida o una recta numérica para resolver los ejercicios.

5. $28 \div 7 =$ _____

6. $18 \div 6 =$ _____

7. $8\overline{)40}$

8. $9\overline{)36}$

Resolución de problemas · En el mundo

9. La Sra. Costa tiene 18 lápices. Le da 9 lápices a cada uno de sus hijos para que los usen en la escuela. ¿Cuántos hijos tiene la Sra. Costa?

_____

10. Boël decide plantar rosales en su jardín. Tiene 24 rosales y coloca 6 en cada hilera. ¿Cuántas hileras de rosales planta en su jardín?

_____

Revisión de la lección (3.OA.3)

1. ¿Qué ecuación de división se muestra a continuación?

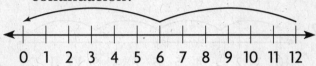

_____

_____

2. Isabella tiene 35 tazas de comida para perros. Les da a sus perros 5 tazas por día. ¿Cuántos días durará la comida para perros?

_____

_____

Repaso en espiral (3.OA.3, 3.OA.8, 3.MD.3)

3. Ellen compra 4 bolsas de naranjas. Hay 6 naranjas en cada bolsa. ¿Cuántas naranjas compra Ellen?

_____

4. Cada mes durante 7 meses, Samuel corta el césped en 3 jardines. ¿Cuántos jardines le faltan para cortar el césped en 29 jardines?

_____

Usa la gráfica para resolver los problemas 5 y 6.

5. ¿Cuántas horas trabajó de voluntaria Eli?

_____

6. Madi trabajó de voluntaria 2 horas menos que Jill. ¿En qué número debería terminar la barra de Madi?

_____

Hacer modelos con matrices

ESTÁNDAR COMÚN 3.OA.3
Represent and solve problems involving
multiplication and division.

**Usa fichas cuadradas para formar una matriz.
Resuelve.**

1. ¿Cuántas hileras de 4 hay en 12?

3 hileras

2. ¿Cuántas hileras de 3 hay en 21?

_____

3. ¿Cuántas hileras de 6 hay en 30?

_____

4. ¿Cuántas hileras de 9 hay en 18?

_____

Forma una matriz. Luego escribe una ecuación de división.

5. 20 fichas cuadradas en 5 hileras

_____

6. 28 fichas cuadradas en 7 hileras

_____

7. 18 fichas cuadradas en 9 hileras

_____

8. 36 fichas cuadradas en 6 hileras

_____

Resolución de problemas

9. Una modista tiene 24 botones. Necesita
3 botones para hacer un vestido. ¿Cuántos
vestidos puede hacer con 24 botones?

_____

10. Liana compra 36 regalitos para los
9 invitados a su fiesta. Da a cada invitado
la misma cantidad de regalitos. ¿Cuántos
regalitos recibió cada invitado?

_____

Revisión de la lección (3.OA.3)

1. El Sr. Canton organiza 24 escritorios en 6 hileras iguales. ¿Cuántos escritorios hay en cada hilera?

_____

_____

2. ¿Qué ecuación de división se muestra en la matriz?

_____

_____

Repaso en espiral (3.OA.1, OA.4, 3.OA.5, 3.OA.7)

3. Amy tiene 2 hileras de 4 trofeos deportivos en cada uno de sus 3 estantes. ¿Cuántos trofeos deportivos tiene Amy en total?

_____

4. ¿Cuál es el factor desconocido?

$$9 \times p = 45$$

_____

5. Sam tiene 7 pilas con 4 monedas de 25¢ cada una. ¿Cuántas monedas de 25¢ tiene Sam?

_____

6. ¿Cómo puedes contar salteado para hallar cuántas fichas hay en total?

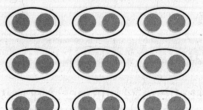

_____

Nombre _____

Relacionar la multiplicación y la división

 ESTÁNDAR COMÚN 3.0A.6
Understand properties of multiplication and the relationship between multiplication and division.

Completa las ecuaciones.

1.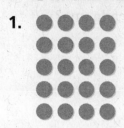

2. (arreglo de puntos)

3. (arreglo de puntos)

5 hileras de __4__ = 20

4 hileras de _____ = 24

3 hileras de _____ = 24

$5 \times$ __4__ $= 20$

$4 \times$ _____ $= 24$

$3 \times$ _____ $= 24$

$20 \div 5 =$ __4__

$24 \div 4 =$ _____

$24 \div 3 =$ _____

Completa las ecuaciones.

4. $4 \times$ _____ $= 28$ $28 \div 4 =$ _____

5. $6 \times$ _____ $= 36$ $36 \div 6 =$ _____

6. $7 \times$ _____ $= 35$ $35 \div 7 =$ _____

7. $7 \times$ _____ $= 21$ $21 \div 7 =$ _____

8. $9 \times$ _____ $= 27$ $27 \div 9 =$ _____

9. $2 \times$ _____ $= 16$ $16 \div 2 =$ _____

10. $4 \times$ _____ $= 36$ $36 \div 4 =$ _____

11. $8 \times$ _____ $= 40$ $40 \div 8 =$ _____

Resolución de problemas

12. El maestro Martin compra 36 panecillos para un desayuno en el salón de clases. Los coloca en platos para sus estudiantes. Si coloca 9 panecillos en cada plato, ¿cuántos platos usa?

_____

13. Ralph leyó 18 libros en sus vacaciones de verano. Leyó el mismo número de libros cada mes durante 3 meses. ¿Cuántos libros leyó por mes?

_____

Revisión de la lección (3.OA.6)

1. ¿Qué número completará las ecuaciones?

$$6 \times \blacksquare = 24$$

$$24 \div 6 = \blacksquare$$

_____

2. Alice tiene 14 conchas. Las divide en partes iguales entre sus 2 hermanas. ¿Cuántas conchas recibe cada una?

_____

Repaso en espiral (3.OA.1, 3.OA.9, 3.MD.3)

3. Sam y Jesse pueden lavar 5 carros por hora. Trabajaron 7 horas durante 2 días. ¿Cuántos carros lavaron?

_____

4. Keisha contó salteado para hallar cuántas fichas hay en total. ¿Cuántos grupos iguales hay?

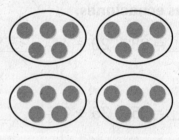

_____ grupos de 5

5. La clave para una gráfica con dibujos que muestra la cantidad de libros leídos por los estudiantes es:
Cada 📖 = 2 libros. ¿Cuántos libros leyó Nancy si tiene 📖📖📖 junto a su nombre?

_____

6. Jan hizo una encuesta para hallar cuál era la estación favorita de sus amigos. Anotó ⅃Ⅱ lll para el verano. ¿Cuántas personas eligieron el verano como su estación favorita?

_____

Nombre _____

Escribir operaciones relacionadas

ESTÁNDAR COMÚN 3.0A.7
Multiply and divide within 100.

**Escribe las operaciones relacionadas
para la matriz.**

1.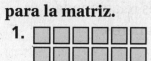

$$2 \times 6 = 12$$
$$6 \times 2 = 12$$
$$12 \div 2 = 6$$
$$12 \div 6 = 2$$

2.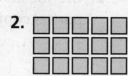

_____

_____

_____

_____

3.

_____

_____

_____

_____

**Escribe las operaciones relacionadas para
el conjunto de números.**

4. 3, 7, 21

_____

_____

_____

5. 2, 9, 18

_____

_____

_____

6. 4, 8, 32

_____

_____

_____

Completa las operaciones relacionadas.

7. $4 \times 9 =$ _____

$9 \times$ _____ $= 36$

$36 \div$ _____ $= 4$

_____ $\div 4 = 9$

8. _____ $\times 7 = 35$

_____ $\times 5 = 35$

_____ $\div 7 = 5$

$35 \div 5 =$ _____

9. $6 \times$ _____ $= 18$

$3 \times 6 =$ _____

$18 \div$ _____ $= 3$

_____ $\div 3 = 6$

Resolución de problemas

10. Unos CD están a la venta a $5 cada uno.
Jennifer tiene $45 y quiere comprar todos
los CD que pueda. ¿Cuántos CD puede
comprar Jennifer?

_____

11. El Sr. Moore tiene 21 pies de papel tapiz.
Lo corta en tiras que miden 3 pies de
longitud cada una. ¿Cuántas tiras tiene
el Sr. Moore?

_____

Revisión de la lección (3.OA.7)

1. ¿Qué número completa el conjunto de operaciones relacionadas?

$5 \times \blacksquare = 40$ $40 \div \blacksquare = 5$

$\blacksquare \times 5 = 40$ $40 \div 5 = \blacksquare$

_____

2. Escribe las operaciones relacionadas para el conjunto de números.

4, 7, 28

_____

Repaso en espiral (3.OA.1, 3.OA.5, 3.OA.7, 3.NBT.3)

3. Beth corre 20 millas por semana durante 8 semanas. ¿Cuántas millas corre Beth en 8 semanas?

_____

4. Halla el producto.

5×0

_____

5. El librero de Uri tiene 5 estantes. Hay 9 libros en cada estante. ¿Cuántos libros hay en total en el librero de Uri? (Lección 4.9)

_____

6. Hay 6 pilas en un paquete. ¿Cuántas pilas habrá en 6 paquetes?

_____

Las reglas de división para el 1 y el 0

ESTÁNDAR COMÚN 3.OA.5
Understand properties of multiplication and the relationship between multiplication and division.

Halla el cociente.

1. $3 \div 1 = \underline{\quad 3 \quad}$

2. $8 \div 8 = \underline{\quad\quad}$

3. $\underline{\quad\quad} = 0 \div 6$

4. $2 \div 2 = \underline{\quad\quad}$

5. $\underline{\quad\quad} \div 9 = 1$

6. $0 \div 2 = \underline{\quad\quad}$

7. $0 \div 3 = \underline{\quad\quad}$

8. $\underline{\quad\quad} = 0 \div 4$

9. $7 \overline{)7}$

10. $1 \overline{)6}$

11. $9 \overline{)0}$

12. $1 \overline{)5}$

13. $1 \overline{)0}$

14. $4 \overline{)4}$

15. $1 \overline{)10}$

16. $2 \overline{)2}$

Resolución de problemas En el mundo

17. No hay caballos en los establos. Hay 3 establos en total. ¿Cuántos caballos hay en cada establo?

_____

18. Jon tiene 6 cometas. Él y sus amigos harán volar una cometa cada uno. ¿Cuántas personas en total harán volar una cometa?

_____

Revisión de la lección (3.OA.5)

1. Candace tiene 6 pares de jeans. Coloca cada par en una percha. ¿Cuántas perchas usa Candace?

_____

2. Hay 0 pájaros en 4 jaulas. ¿En qué ecuación de división se describe cuántos pájaros hay en cada jaula?

_____

Repaso en espiral (3.OA.5, 3.OA.9, 3.MD.3)

3. Hay 7 platos sobre la mesa. Hay 0 sándwiches en cada plato. ¿Cuántos sándwiches hay en los platos en total?

7×0

_____

_____

_____

4. Muestra una manera de separar la matriz para hallar el producto.

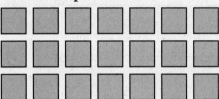

_____

_____

5. Describe el patrón de la tabla.

Camionetas	1	2	3	4	5
Estudiantes	6	12	18	24	30

_____

6. Usa la gráfica.

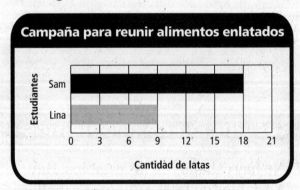

¿Cuántas latas más trajo Sam que Lina?

_____

Capítulo 7

Carta para la casa

Vocabulario

ecuación Un enunciado numérico que incluye un signo de la igualdad para mostrar que dos cantidades son iguales.

matriz Una forma de ordenar objetos en hileras y columnas.

operaciones relacionadas Un conjunto de ecuaciones de multiplicación y división relacionadas.

orden de las operaciones Un conjunto especial de reglas que indica el orden en que se hacen los cálculos de un problema.

Querida familia:

Durante las próximas semanas, en la clase de matemáticas aprenderemos sobre las operaciones de división y sus estrategias. Aprenderemos estrategias para dividir entre 2, 3, 4, 5, 6, 7, 8, 9 y 10. También aprenderemos las reglas del orden de las operaciones para resolver problemas en los que hay más de una operación.

El estudiante llevará a casa tareas para practicar la división entre estos divisores.

Este es un ejemplo de cómo se le enseñará a dividir.

🔑 MODELO Usa una matriz.

Así podemos usar matrices para dividir.

PASO 1

$20 \div 4 = $ ■

Dibuja hileras de 4 fichas cuadradas hasta tener las 20 fichas.

☐ ☐ ☐ ☐
☐ ☐ ☐ ☐
☐ ☐ ☐ ☐
☐ ☐ ☐ ☐
☐ ☐ ☐ ☐

PASO 2

Cuenta la cantidad de hileras para hallar el cociente.

Hay 5 hileras de 4 fichas.

Entonces,
$20 \div 4 = 5$.

Pistas

Usa una operación de multiplicación relacionada

Puesto que la división es opuesta a la multiplicación, usar una operación de multiplicación es otra manera de hallar un cociente. Para dividir 20 entre 4, por ejemplo, piensa en una operación de multiplicación relacionada: $4 \times$ ■ $= 20$. $4 \times 5 = 20$. Entonces, $20 \div 4 = 5$.

Actividad

Dé a su niño 12 monedas de 1¢. Pídale que haga la mayor cantidad posible de matrices usando las 12 monedas de 1¢. Luego, pídale que escriba un enunciado de división para cada matriz.

Chapter 7

School-Home Letter

Dear Family,

During the next few weeks, our math class will be learning about division facts and strategies. We will learn strategies to use to divide by 2, 3, 4, 5, 6, 7, 8, 9, and 10. We will also learn the order of operations rules to solve problems involving more than one operation.

You can expect to see homework that provides practice with dividing by these divisors.

Here is a sample of how your child will be taught to divide.

🔑 MODEL Use an Array

This is how we can use arrays to divide.

STEP 1

$20 \div 4 = $ ▨

Draw rows of 4 tiles until you have drawn all 20 tiles.

☐ ☐ ☐ ☐
☐ ☐ ☐ ☐
☐ ☐ ☐ ☐
☐ ☐ ☐ ☐
☐ ☐ ☐ ☐

STEP 2

Count the number of rows to find the quotient.

There are 5 rows of 4 tiles.

So, $20 \div 4 = 5$.

Tips

Use a Related Multiplication Fact

Since division is the opposite of multiplication, using a multiplication fact is another way to find a quotient. To divide 20 by 4, for example, think of a related multiplication fact: $4 \times $ ▨ $= 20$.
$4 \times 5 = 20$.
So, $20 \div 4 = 5$.

Activity

Provide 12 pennies. Have your child make as many arrays as possible using all 12 pennies. Have your child write a division equation for each array.

ESTÁNDAR COMÚN 3.OA.3
Represent and solve problems involving multiplication and division.

Nombre _____

Dividir entre 2

Escribe una ecuación de división para el dibujo.

1.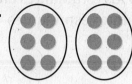

$12 \div 2 = 6$ ó
$12 \div 6 = 2$

2.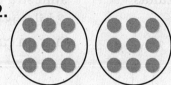

_____

_____

3.

_____

_____

Halla el cociente. Puedes hacer un dibujo rápido como ayuda.

4. ____ $= 14 \div 2$

5. ____ $= 4 \div 2$

6. $16 \div 2 =$ ____

7. $2\overline{)18}$

8. $2\overline{)12}$

9. $2\overline{)14}$

 Resolución de problemas *En el mundo*

10. El Sr. Reynolds, el maestro de gimnasia, dividió una clase de 16 estudiantes en 2 equipos iguales. ¿Cuántos estudiantes había en cada equipo?

_____

11. Sandra tiene 10 libros. Los divide en grupos de 2 libros. ¿Cuántos grupos puede formar?

_____

Revisión de la lección (3.OA.3)

1. Ava tiene 12 manzanas y 2 canastas. Coloca el mismo número de manzanas en cada canasta. ¿Cuántas manzanas hay en una canasta?

_____

2. En el musical de la escuela, 8 estudiantes cantan una canción. La maestra Lang ubica a los estudiantes en 2 hileras iguales. ¿Cuántos estudiantes hay en cada hilera?

_____

Repaso en espiral (3.OA.2, 3.OA.3, 3.OA.9)

3. Halla el producto.

$$2 \times 6$$

_____

4. Jayden planta 24 árboles. Planta los árboles equitativamente en 3 hileras. ¿Cuántos árboles hay en cada hilera?

_____

5. Describe el siguiente patrón.

9, 12, 15, 18, 21, 24

_____

6. Un triciclo tiene 3 ruedas. ¿Cuántas ruedas hay en 4 triciclos?

_____

Nombre _____

Dividir entre 10

ESTÁNDAR COMÚN 3.0A.7
Multiply and divide within 100.

Halla el factor y el cociente desconocidos.

1. $10 \times \underline{\ 2\ } = 20$ $20 \div 10 = \underline{\ 2\ }$

2. $10 \times \underline{\ \ \ } = 70$ $70 \div 10 = \underline{\ \ \ }$

3. $10 \times \underline{\ \ \ } = 80$ $80 \div 10 = \underline{\ \ \ }$

4. $10 \times \underline{\ \ \ } = 30$ $30 \div 10 = \underline{\ \ \ }$

Halla el cociente.

5. $60 \div 10 = \underline{\ \ \ }$

6. $\underline{\ \ \ } = 40 \div 4$

7. $20 \div 2 = \underline{\ \ \ }$

8. $50 \div 10 = \underline{\ \ \ }$

9. $90 \div 10 = \underline{\ \ \ }$

10. $10 \div 10 = \underline{\ \ \ }$

11. $\underline{\ \ \ } = 30 \div 10$

12. $40 \div 10 = \underline{\ \ \ }$

13. $10\overline{)40}$

14. $10\overline{)70}$

15. $10\overline{)100}$

16. $10\overline{)20}$

Resolución de problemas En el mundo

17. Un lápiz cuesta 10¢. ¿Cuántos lápices puede comprar Brent con 90¢?

18. La Sra. Marks quiere comprar 80 bolígrafos. Si los bolígrafos vienen en paquetes de 10, ¿cuántos paquetes debe comprar?

_____

Revisión de la lección (3.OA.7)

1. Gracie usa 10 cuentas en cada collar que hace. Tiene 60 cuentas para usar. ¿Cuántos collares puede hacer Gracie?

_____

2. Un florista coloca 10 flores en cada florero. ¿Cuántos floreros necesita el florista para colocar 40 flores?

_____

Repaso en espiral (3.OA.2, 3.OA.3, 3.OA.4, 3.NBT.3)

3. ¿Cuál es el factor desconocido?

$$7 \times p = 14$$

_____

4. En la panadería Aspen se vendieron 40 cajas de pancitos en un día. Cada caja contiene 6 pancitos. ¿Cuántos pancitos se vendieron en total en la panadería?

_____

5. El Sr. Samuels compra una hoja de estampillas. Hay 4 hileras con 7 estampillas en cada hilera. ¿Cuántas estampillas compra el Sr. Samuels?

_____

6. 56 estudiantes van de excursión al centro de ciencias. Los estudiantes recorren el centro en grupos de 8. ¿Cuántos grupos de estudiantes hay?

_____

Nombre _____

Dividir entre 5

ESTÁNDAR COMÚN 3.OA.3
Represent and solve problems involving multiplication and division.

Cuenta hacia adelante o hacia atrás para resolver los ejercicios.

1. $40 \div 5 =$ __8__

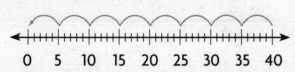

2. $25 \div 5 =$ ____

Halla el cociente.

3. ____ $= 10 \div 5$

4. ____ $= 30 \div 5$

5. $14 \div 2 =$ ____

6. $5 \div 5 =$ ____

7. $45 \div 5 =$ ____

8. __6__ $= 60 \div 10$

9. ____ $= 15 \div 5$

10. $18 \div 2 =$ ____

11. ____ $= 0 \div 5$

12. $20 \div 5 =$ ____

13. $25 \div 5 =$ ____

14. ____ $= 35 \div 5$

15. $5\overline{)20}$

16. $10\overline{)70}$

17. $5\overline{)15}$

18. $5\overline{)40}$

Resolución de problemas En el mundo

19. Un fabricante de carros de juguete coloca 5 ruedas en cada kit. Una máquina produce 30 ruedas por vez. ¿Cuántos paquetes de 5 ruedas se pueden producir a partir de las 30 ruedas?

_____

20. Un fabricante de muñecas coloca una bolsa pequeña con 5 cintas para el cabello dentro de cada caja con una muñeca. ¿Cuántas bolsas de 5 cintas para el cabello se pueden hacer a partir de 45 cintas para el cabello?

_____

Revisión de la lección (3.OA.3)

1. Una empresa de trenes de juguete coloca 5 furgones con cada juego de trenes. ¿Cuántos juegos se pueden completar con 35 furgones?

   _____

2. Una máquina produce 5 botones por vez. Cada camisa de muñeca lleva 5 botones. ¿Cuántas camisas de muñeca se pueden completar con 5 botones?

   _____

Repaso en espiral (3.OA.3, 3.MD.4)

3. Julia gana $5 por día por hacer mandados para un vecino. ¿Cuánto ganará Julia si hace mandados durante 6 días en un mes?

   _____

4. Marcus tiene 12 rebanadas de pan. Usa 2 rebanadas de pan en cada emparedado. ¿Cuántos emparedados puede hacer Marcus?

   _____

Usa el diagrama de puntos para resolver los ejercicios 5 y 6.

5. ¿Cuántos estudiantes no tienen mascotas?

   _____

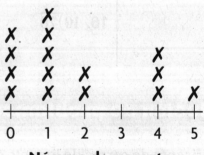

6. ¿Cuántos estudiantes respondieron la pregunta "¿Cuántas mascotas tienes?"?

   _____

Dividir entre 3

ESTÁNDAR COMÚN 3.OA.7
Multiply and divide within 100.

Halla el cociente. Haz un dibujo rápido como ayuda.

1. $12 \div 3 = \underline{4}$

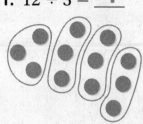

2. $24 \div 3 = \underline{}$

3. $\underline{} = 6 \div 3$

4. $40 \div 5 = \underline{}$

Halla el cociente.

5. $\underline{} = 15 \div 3$

6. $\underline{} = 21 \div 3$

7. $16 \div 2 = \underline{}$

8. $27 \div 3 = \underline{}$

9. $0 \div 3 = \underline{}$

10. $9 \div 3 = \underline{}$

11. $\underline{} = 30 \div 3$

12. $\underline{} = 12 \div 4$

13. $3\overline{)12}$

14. $3\overline{)15}$

15. $3\overline{)24}$

16. $3\overline{)9}$

Resolución de problemas

17. La directora de la escuela de la calle Miller tiene 12 paquetes de lápices nuevos. Repartirá 3 paquetes en cada clase de tercer grado. ¿Cuántas clases de tercer grado hay?

_____

18. Mike tiene $21 para gastar en el centro comercial. Gasta todo su dinero en pulseras para sus hermanas. Cada pulsera cuesta $3. ¿Cuántas pulseras compra?

_____

1. Se dividen 18 fichas en partes iguales entre 3 grupos. ¿Cuántas fichas hay en cada grupo?

_____

2. Josh tiene 27 pelotas de béisbol firmadas. Las coloca equitativamente en 3 estantes. ¿Cuántas pelotas de béisbol hay en cada estante?

_____

Repaso en espiral (3.OA.1, 3.OA.5, 3.OA.6, 3.MD.4)

3. Cada bicicleta tiene 2 ruedas. ¿Cuántas ruedas hay en 8 bicicletas?

4. ¿Cuántos estudiantes miran menos de 3 horas de TV por día?

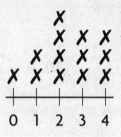

Horas de TV

_____   _____

5. Completa el enunciado numérico para mostrar un ejemplo de la propiedad distributiva.

$$3 \times 6 =$$

_____

_____

_____

6. ¿Qué número desconocido completa las ecuaciones?

$$3 \times \blacksquare = 21 \qquad 21 \div 3 = \blacksquare$$

_____

Nombre _____

Dividir entre 4

ESTÁNDAR COMÚN 3.0A.7
Multiply and divide within 100.

**Dibuja fichas cuadradas para formar una matriz.
Halla el cociente.**

1. ___**4**___ = 16 ÷ 4

2. 20 ÷ 4 = _____

3. 12 ÷ 4 = _____

4. 10 ÷ 2 = _____

Halla el cociente.

5. 24 ÷ 3 = _____

6. _____ = 8 ÷ 2

7. 32 ÷ 4 = _____

8. _____ = 28 ÷ 4

9. 4)‾36‾

10. 4)‾8‾

11. 4)‾24‾

12. 3)‾30‾

Halla el número desconocido.

13. 20 ÷ 5 = a

14. 32 ÷ 4 = p

15. 40 ÷ 10 = ■

16. 18 ÷ 3 = x

a = _____

p = _____

■ = _____

x = _____

Resolución de problemas · En el mundo

17. La maestra Higgins tiene 28 estudiantes en su clase de gimnasia. Los ubica en 4 grupos iguales. ¿Cuántos estudiantes hay en cada grupo?

_____

18. Andy tiene 36 CD. Compra un estuche en el que caben 4 CD en cada sección. ¿Cuántas secciones puede llenar?

_____

1. Darion recoge 16 toronjas de un árbol que está en su patio trasero. Coloca 4 toronjas en cada bolsa. ¿Cuántas bolsas necesita?

2. Tori tiene una bolsa de 32 marcadores para repartir en partes iguales entre 3 amigas y ella. ¿Cuántos marcadores recibirán Tori y cada una de sus amigas?

Repaso en espiral (3.OA.2, 3.OA.5, 3.OA.7, 3.OA.9)

3. Halla el producto.

$$3 \times 7$$

4. Describe el siguiente patrón.

8, 12, 16, 20, 24, 28

5. Completa el enunciado numérico para mostrar un ejemplo de la propiedad conmutativa de la multiplicación.

$$4 \times 5 =$$

6. Jasmine tiene 18 caballos de juguete. Los coloca equitativamente en 3 estantes. ¿Cuántos caballos de juguete hay en cada estante?

Nombre _____

Dividir entre 6

ESTÁNDAR COMÚN 3.0A.7
Multiply and divide within 100.

Halla el factor y el cociente desconocidos.

1. $6 \times \underline{7} = 42$ $42 \div 6 = \underline{7}$

2. $6 \times \underline{} = 18$ $18 \div 6 = \underline{}$

3. $4 \times \underline{} = 24$ $24 \div 4 = \underline{}$

4. $6 \times \underline{} = 54$ $54 \div 6 = \underline{}$

Halla el cociente.

5. $\underline{} = 24 \div 6$

6. $48 \div 6 = \underline{}$

7. $\underline{} = 6 \div 6$

8. $12 \div 6 = \underline{}$

9. $6\overline{)36}$

10. $6\overline{)54}$

11. $6\overline{)30}$

12. $1\overline{)6}$

Halla el número desconocido.

13. $p = 42 \div 6$

14. $18 \div 3 = q$

15. $r = 30 \div 6$

16. $60 \div 6 = s$

$p = \underline{}$

$q = \underline{}$

$r = \underline{}$

$s = \underline{}$

Resolución de problemas

17. A Lucas le quedan por leer 36 páginas de un libro. Si lee 6 páginas por día, ¿cuántos días tardará Lucas en terminar el libro?

18. Juan tiene $24 para gastar en la librería. Si cada libro cuesta $6, ¿cuántos libros puede comprar?

_____

_____

Revisión de la lección (3.OA.7)

1. Eliana trabajó como niñera la semana pasada y ganó $54. Gana $6 por hora. ¿Cuántas horas trabajó como niñera la semana pasada?

2. ¿Cuál es el factor y el cociente desconocidos?

$$6 \times \blacksquare = 42 \qquad 42 \div 6 = \blacksquare$$

_____

_____

Repaso en espiral (3.OA.1, 3.OA.2, 3.OA.7, 3.OA.8)

3. El entrenador Clarke tiene 48 estudiantes en su clase de educación física. Para hacer una actividad, ubica a los estudiantes en equipos de 6. ¿Cuántos equipos puede formar el entrenador Clarke?

4. Eva lee 3 libros por mes durante 7 meses. ¿Cuántos libros más debe leer para llegar a 30 libros leídos?

_____

_____

5. Cada vaca tiene 4 patas. ¿Cuántas patas tendrán 5 vacas?

6. Halla el producto.

$$3 \times 9$$

_____

_____

Nombre _____

Dividir entre 7

ESTÁNDAR COMÚN 3.OA.7
Multiply and divide within 100.

Halla el factor y el cociente desconocidos.

1. $7 \times$ __6__ $= 42$ $42 \div 7 =$ __6__

2. $7 \times$ ____ $= 35$ $35 \div 7 =$ ____

3. $7 \times$ ____ $= 7$ $7 \div 7 =$ ____

4. $5 \times$ ____ $= 20$ $20 \div 5 =$ ____

Halla el cociente.

5. $7\overline{)21}$

6. $7\overline{)14}$

7. $6\overline{)48}$

8. $7\overline{)63}$

9. ____ $= 35 \div 7$

10. $0 \div 7 =$ ____

11. ____ $= 56 \div 7$

12. $32 \div 8 =$ ____

Halla el número desconocido.

13. $56 \div 7 = e$

$e =$ ____

14. $k = 32 \div 4$

$k =$ ____

15. $g = 49 \div 7$

$g =$ ____

16. $28 \div 7 = s$

$s =$ ____

Resolución de problemas

17. Veintiocho jugadores se inscriben en básquetbol. El entrenador pone 7 jugadores en cada equipo. ¿Cuántos equipos hay?

18. Roberto leyó 42 libros en 7 meses. Leyó el mismo número de libros por mes. ¿Cuántos libros por mes leyó Roberto?

_____

_____

Revisión de la lección

1. Elliot paseó el perro de su vecino el mes pasado y ganó $49. Gana $7 cada vez que pasea el perro. ¿Cuántas veces paseó el perro de su vecino el mes pasado?

   _____

2. ¿Cuáles son el factor y el cociente desconocidos?

   $$7 \times \blacksquare = 63$$

   $$63 \div 7 = \blacksquare$$

   _____

Repaso en espiral (3.OA.3, 3.OA.5, 3.OA.6, 3.OA.7)

3. María coloca 6 fresas en cada batido que prepara. Hace 3 batidos. En total, ¿cuántas fresas usa María en los batidos?

   _____

4. Kaitlyn hace 4 pulseras. Usa 8 cuentas para cada pulsera. ¿Cuántas cuentas usa en total?

   _____

5. ¿Cuál es el factor desconocido?

   $$2 \times 5 = 5 \times \blacksquare$$

   _____

6. ¿Qué ecuación de división está relacionada con la siguiente ecuación de multiplicación?

   $$3 \times 4 = 12$$

   _____

   _____

Dividir entre 8

ESTÁNDAR COMÚN 3.0A.4
Represent and solve problems involving multiplication and division.

Halla el factor y el cociente desconocidos.

1. $8 \times \underline{\;\;4\;\;} = 32$ $32 \div 8 = \underline{\;\;\;\;}$

2. $3 \times \underline{\;\;\;\;} = 27$ $27 \div 3 = \underline{\;\;\;\;}$

3. $8 \times \underline{\;\;\;\;} = 8$ $8 \div 8 = \underline{\;\;\;\;}$

4. $8 \times \underline{\;\;\;\;} = 72$ $72 \div 8 = \underline{\;\;\;\;}$

Halla el cociente.

5. $\underline{\;\;\;\;} = 24 \div 8$

6. $40 \div 8 = \underline{\;\;\;\;}$

7. $\underline{\;\;\;\;} = 56 \div 8$

8. $14 \div 2 = \underline{\;\;\;\;}$

9. $8\overline{)64}$

10. $7\overline{)28}$

11. $8\overline{)16}$

12. $8\overline{)48}$

Halla el número desconocido.

13. $16 \div p = 8$

14. $25 \div \blacksquare = 5$

15. $24 \div a = 3$

16. $k \div 10 = 8$

$p = \underline{\;\;\;\;}$

$\blacksquare = \underline{\;\;\;\;}$

$a = \underline{\;\;\;\;}$

$k = \underline{\;\;\;\;}$

Resolución de problemas

17. Sesenta y cuatro estudiantes hacen una excursión. Hay 1 adulto cada 8 estudiantes. ¿Cuántos adultos hay?

18. El Sr. Chen gasta $32 en boletos para una obra de teatro. Si cada boleto cuesta $8, ¿cuántos boletos compra el Sr. Chen?

_____

_____

Revisión de la lección (3.OA.4)

1. La Sra. Wilke gasta $72 en tartas para la feria escolar. Cada tarta cuesta $8. ¿Cuántas tartas compra la Sra. Wilke para la feria escolar?

_____

2. Halla el factor y el cociente desconocidos.

$$8 \times \blacksquare = 40$$

$$40 \div 8 = \blacksquare$$

_____

Repaso en espiral (3.OA.3, 3.OA.4, 3.OA.5)

3. Halla el producto.

$$(3 \times 2) \times 5$$

_____

4. Usa la propiedad conmutativa de la multiplicación para escribir un enunciado de multiplicación relacionado.

$$9 \times 4 = 36$$

_____

5. Halla el factor desconocido.

$$8 \times \blacksquare = 32$$

_____

6. ¿Qué enunciado de multiplicación representa la matriz?

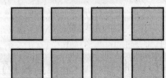

_____

_____

Nombre _____

Dividir entre 9

ESTÁNDAR COMÚN 3.0A.7
Multiply and divide within 100.

Halla el cociente.

1. __4__ = 36 = 9

2. $30 \div 6 =$ _____

3. _____ $= 81 \div 9$

4. $27 \div 9 =$ _____

5. $9 \div 9 =$ _____

6. _____ $= 63 \div 7$

7. $36 \div 6 =$ _____

8. _____ $= 90 \div 9$

9. $9\overline{)63}$

10. $9\overline{)18}$

11. $7\overline{)49}$

12. $9\overline{)45}$

Halla el número desconocido.

13. $48 \div 8 = g$

$g =$ _____

14. $s = 72 \div 9$

$s =$ _____

15. $m = 0 \div 9$

$m =$ _____

16. $54 \div 9 = n$

$n =$ _____

Resolución de problemas · En el mundo

17. Un cajón de naranjas tiene bandejas en su interior, y en cada bandeja caben 9 naranjas. Hay 72 naranjas en el cajón. Si todas las bandejas están llenas, ¿cuántas bandejas hay?

18. Iván tiene 45 tarjetas de béisbol nuevas. Las coloca en una carpeta en la que caben 9 tarjetas por página. ¿Cuántas páginas llena?

Revisión de la lección (3.OA.7)

1. Darci prepara una habitación para un banquete. Tiene 54 sillas. Coloca 9 sillas por cada mesa. ¿Cuántas mesas tienen 9 sillas?

   _____

2. El Sr. Robinson coloca 36 vasos en una mesa. Coloca el mismo número de vasos en 9 hileras. ¿Cuántos vasos coloca en cada hilera?

   _____

Repaso en espiral (3.OA.2, 3.OA.7, 3.OA.8)

3. Jordan compra 2 libros de deportes por mes durante 9 meses. ¿Cuántos libros de deportes más debe comprar para llegar a 25 libros de deportes?

   _____

4. Halla el producto.

$$\begin{array}{r} 8 \\ \times\ 7 \\ \hline \end{array}$$

   _____

5. Adriana hizo 30 collares para mascotas para llevar a la feria de mascotas. Quiere exhibir 3 collares para mascotas en cada gancho. ¿Cuántos ganchos necesitará Adriana para exhibir los 30 collares para mascotas?

   _____

6. Carla empaca 4 cajas de libros. Cada caja tiene 9 libros. ¿Cuántos libros empaca Carla?

   _____

Nombre _____

Resolución de problemas • Problemas de dos pasos

ESTÁNDAR COMÚN 3.OA.8
Solve problems involving the four operations, and identify and explain patterns in arithmetic.

Resuelve los problemas.

1. Jack tiene 3 cajas de lápices. Cada caja contiene el mismo número de lápices. Su madre le da 4 lápices más. Ahora Jack tiene 28 lápices. ¿Cuántos lápices hay en cada caja?

    Piensa: Puedo comenzar con 28 fichas
    y representar el problema.

    _____ **8 lápices**

2. La maestra de arte tiene 48 pinceles. Coloca 8 pinceles sobre cada mesa de su salón de clases. ¿Cuántas mesas hay en su salón de clases?

    _____

3. Ricardo tiene 2 estuches de videojuegos con el mismo número de juegos en cada estuche. Le da 4 juegos a su hermano. A Ricardo le quedan 10 juegos. ¿Cuántos videojuegos había en cada estuche?

    _____

4. Patty tiene $20 para gastar en regalos para sus amigos. Su madre le da $5 más. Si cada regalo cuesta $5, ¿cuántos regalos puede comprar?

    _____

5. Joe tiene una colección de 35 películas en DVD. Le regalaron 8 de esas películas. Joe compró el resto de las películas durante 3 años. Si compró el mismo número de películas cada año, ¿cuántas películas compró Joe el año pasado?

    _____

6. Liz tiene una cinta de 24 pulgadas de longitud. Corta nueve pedazos de 2 pulgadas de la cinta original. ¿Cuánto queda de la cinta original?

    _____

© Houghton Mifflin Harcourt Publishing Company

Revisión de la lección (3.OA.8)

1. Gavin ahorró $16 para comprar paquetes de tarjetas de béisbol. Su padre le da $4 más. Si cada paquete de tarjetas cuesta $5, ¿cuántos paquetes puede comprar Gavin?

2. Chelsea compra 8 paquetes de marcadores. Cada paquete contiene el mismo número de marcadores. Chelsea le da 10 marcadores a su hermano. Entonces, le quedan 54 marcadores. ¿Cuántos marcadores había en cada paquete?

Repaso en espiral (3.OA.1, 3.OA.3, 3.OA.4, 3.OA.8)

3. Cada pie tiene 5 dedos. ¿Cuántos dedos tendrán 6 pies?

4. Sophie hace 2 edredones por mes durante 5 meses. ¿Cuántos edredones más debe hacer para llegar a 16 edredones?

5. Meredith practica piano durante 3 horas por semana. ¿Cuántas horas practicará en 8 semanas?

6. Halla el factor desconocido.

   $9 \times \blacksquare = 36$

Nombre _____

El orden de las operaciones

ESTÁNDAR COMÚN 3.OA.8
Solve problems involving the four operations, and identify and explain patterns in arithmetic.

Escribe *correcto* si las operaciones están en el orden correcto. Si no es así, escribe el orden correcto de las operaciones.

1. $45 - 3 \times 5$ restar, multiplicar

2. $3 \times 4 \div 2$ dividir, multiplicar

<u>multiplicar, restar</u>

3. $5 + 12 \div 2$ dividir, sumar

4. $7 \times 10 + 3$ sumar, multiplicar

Sigue el orden de las operaciones para hallar el número desconocido.

5. $6 + 4 \times 3 = n$

$n = $ _____

6. $8 - 3 + 2 = k$

$k = $ _____

7. $24 \div 3 + 5 = p$

$p = $ _____

8. $12 - 2 \times 5 = r$

$r = $ _____

9. $7 \times 8 - 6 = j$

$j = $ _____

10. $4 + 3 \times 9 = w$

$w = $ _____

Resolución de problemas En el mundo

11. Shelley compró 3 cometas a $6 cada una. Le dio $20 al vendedor. ¿Cuánto cambio debería recibir Shelley?

_____

12. Tim tiene 5 manzanas y 3 bolsas con 8 manzanas en cada bolsa. ¿Cuántas manzanas tiene Tim en total?

_____

Revisión de la lección (3.OA.8)

1. Natalie hace trajes de muñecas. Cada traje tiene 4 botones que cuestan 3¢ cada uno y una cremallera que cuesta 7¢. ¿Cuánto gasta en botones y una cremallera para cada traje?

2. La madre de Leonardo le dio 5 bolsas. Cada bolsa tenía 6 bulbos de flores para plantar. Ha plantado todos los bulbos excepto 3. ¿Cuántos bulbos de flores ha plantado Leonardo?

Repaso en espiral (3.OA.7, 3.OA.9, 3.NBT.3)

3. Cada piso del edificio de apartamentos de Will mide 9 pies de altura. Hay 10 pisos en el edificio. ¿Cuál es la altura del edificio de apartamentos?

4. Describe el patrón de la tabla.

Mesas	1	2	3	4
Sillas	4	8	12	16

5. Para hacer adornos, Meg recortó 8 grupos de 7 copos de nieve cada uno. ¿Cuántos copos de nieve recortó Meg en total?

6. Una camioneta pequeña puede llevar a 6 estudiantes. ¿Cuántas camionetas pequeñas se necesitan para llevar a 36 estudiantes en una excursión al museo de la música?

Carta
para la casa

Capítulo 8

Vocabulario

denominador La parte de una fracción que está debajo de la barra y que indica cuántas partes iguales hay en el entero o en el grupo.

fracción Un número que indica una parte de un entero o una parte de un grupo.

fracción unitaria Una fracción que indica 1 parte igual de un entero. Tiene el número 1 como número superior o numerador.

numerador La parte de una fracción que está sobre la barra y que indica cuántas partes iguales se están contando.

partes iguales Partes que son exactamente del mismo tamaño.

Querida familia:

Durante las próximas semanas, en la clase de matemáticas aprenderemos sobre las fracciones. Aprenderemos a identificar, leer y escribir fracciones como parte de un entero y como parte de un grupo.

El estudiante llevará a casa tareas que sirven para practicar las fracciones.

Este es un ejemplo de cómo se le enseñará a usar fracciones para hallar una parte fraccionaria de un grupo.

MODELO Halla cuántos elementos hay en una parte fraccionaria de un grupo.

Esta es la manera en que hallaremos cuántos elementos hay en una parte fraccionaria de un grupo.

Pistas

Grupos o partes iguales

Antes de escribir una fracción, asegúrate de que haya grupos o partes iguales.

PASO 1

Halla $\frac{1}{3}$ de 9.

Coloca 9 fichas en tu pizarra.

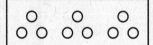

PASO 2

Puesto que quieres hallar $\frac{1}{3}$ del grupo, debe haber 3 grupos iguales.

PASO 3

Encierra en un círculo uno de los grupos para mostrar $\frac{1}{3}$. Luego cuenta la cantidad de fichas que hay en ese grupo.

Hay 3 fichas en 1 grupo.

Entonces, $\frac{1}{3}$ de 9 = 3.

Actividad

Muestre un grupo de 12 objetos, por ejemplo, crayones. Pida a su niño que cuente objetos en grupos iguales para hallar las partes fraccionarias del grupo. Luego pídale que halle estos grupos fraccionarios de 12: $\frac{1}{2}$ (6), $\frac{1}{3}$ (4), $\frac{1}{4}$ (3), $\frac{1}{6}$ (2).

School-Home Letter

Vocabulary

denominator The part of a fraction below the line that tells how many equal parts are in the whole or in the group.

fraction A number that names part of a whole or part of a group.

unit fraction A fraction that names 1 equal part of a whole. It has 1 as its top number, or numerator.

numerator The part of a fraction above the line that tells how many equal parts are being counted.

equal parts Parts that are exactly the same size.

Dear Family,

During the next few weeks, our math class will be learning about fractions. We will learn to identify, read, and write fractions as part of a whole and as part of a group.

You can expect to see homework that provides practice with fractions.

Here is a sample of how your child will be taught to use unit fractions to find a fractional part of a group.

🔑 MODEL Find How Many in a Fractional Part of a Group.

This is how we will be finding how many are in a fractional part of a group.

STEP 1

Find $\frac{1}{3}$ of 9.

Put 9 counters on your MathBoard.

STEP 2

Since you want to find $\frac{1}{3}$ of the group, there should be 3 equal groups.

STEP 3

Circle one of the groups to show $\frac{1}{3}$. Then count the number of counters in that group.

There are 3 counters in 1 group.

So, $\frac{1}{3}$ of 9 = 3.

> **Tips**
>
> **Equal Groups or Parts**
>
> Before you name a fraction, be sure there are equal groups or parts.

Activity

Display a group of 12 objects, such as crayons. Have your child find fractional parts of the group by counting objects in equal groups. Ask your child to find these fractional groups of 12: $\frac{1}{2}$ (6), $\frac{1}{3}$ (4), $\frac{1}{4}$ (3), $\frac{1}{6}$ (2).

Nombre _____

Partes iguales de un entero

ESTÁNDAR COMÚN 3.NF.1
Develop understanding of fractions as numbers.

Escribe el número de partes iguales.
Luego escribe el nombre de las partes.

1.

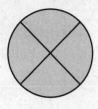

____4____ partes iguales

__cuartos__

2.

_____ partes iguales

_____

3.

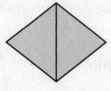

_____ partes iguales

_____

4.

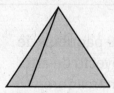

_____ partes iguales

_____

Indica si la figura está dividida en partes *iguales* o *desiguales*.

5.

partes _____

6.

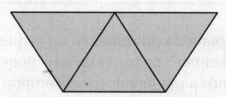

partes _____

Resolución de problemas

7. Diego corta una pizza redonda en ocho trozos iguales. ¿Cómo se llaman las partes?

_____

8. Madison hace un mantel individual. Lo divide en 6 partes iguales para colorearlo. ¿Cómo se llaman las partes?

_____

Revisión de la lección (3.NF.1)

1. ¿Cuántas partes iguales hay en esta figura?

_____

2. ¿Cómo se llaman las partes iguales del entero?

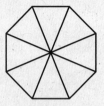

_____

Repaso en espiral (3.OA.3, 3.OA.7)

3. Usa una operación de multiplicación relacionada para hallar el cociente.

$$49 \div 7 = \boxed{}$$

_____

4. Halla el factor y el cociente desconocidos.

$$9 \times \boxed{} = 45$$

$$45 \div 9 = \boxed{}$$

_____

5. Hay 5 pares de calcetines en un paquete. Matt compra 3 paquetes de calcetines. ¿Cuántos pares de calcetines compra Matt en total?

_____

6. La Sra. McCarr compra 9 paquetes de marcadores para un proyecto de arte. Cada paquete tiene 10 marcadores. ¿Cuántos marcadores compra la Sra. McCarr en total?

_____

Nombre _____

Partes iguales

ESTÁNDAR COMÚN 3.NF.1
Develop understanding of fractions as numbers.

Dibuja líneas para mostrar cuánto obtiene cada persona en los ejercicios 1 y 2. Escribe la respuesta.

1. 6 amigos se reparten 3 emparedados en partes iguales.

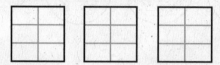

3 sextos de un emparedado

2. 8 compañeros se reparten 4 pizzas en partes iguales.

_____

_____

3. 4 compañeros de equipo se reparten 5 barras de cereal en partes iguales. Dibuja líneas para mostrar cuánto obtiene cada uno. Sombrea la cantidad que obtiene uno de los amigos. Escribe la respuesta.

_____

Resolución de problemas

4. Tres hermanos se reparten 2 emparedados en partes iguales. ¿Qué cantidad de un emparedado obtiene cada hermano?

_____

_____

5. Seis vecinos se reparten 4 tartas en partes iguales. ¿Qué cantidad de una tarta obtiene cada vecino?

_____

_____

Revisión de la lección (3.NF.1)

1. Dos amigos se reparten 3 barras de frutas en partes iguales. ¿Qué cantidad obtiene cada amigo?

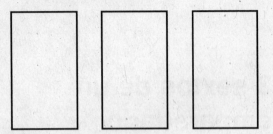

_____

2. Cuatro hermanos se reparten 3 pizzas en partes iguales. ¿Qué cantidad de una pizza obtiene cada hermano?

_____

Repaso en espiral (3.OA.3, 3.OA.7, 3.NBT.2)

3. Halla el cociente.

$$3\overline{)27}$$

_____

4. Tyrice colocó 4 galletas en cada una de las 7 bolsas que tenía. ¿Cuántas galletas colocó en las bolsas en total?

_____

5. Ryan gana $5 por hora por rastrillar hojas. Ganó $35. ¿Durante cuántas horas rastrilló hojas?

_____

6. Hannah tiene 229 adhesivos con caballos y 164 adhesivos con gatitos. ¿Cuántos adhesivos con caballos más que con gatitos tiene Hannah?

_____

Nombre _____

Fracciones unitarias de un entero

ESTÁNDAR COMÚN 3.NF.1
Develop understanding of fractions as numbers.

Escribe el número de partes iguales que hay en el entero.
Luego escribe la fracción que indica la parte sombreada.

1.

_____6_____ partes iguales

$\dfrac{1}{6}$
_____

2.

_____ partes iguales

_____

3.

_____ partes iguales

_____

4.

_____ partes iguales

_____

Haz un dibujo del entero.

5. $\dfrac{1}{3}$ es

6. $\dfrac{1}{8}$ es

Resolución de problemas *En el mundo*

7. Tyler horneó pan de maíz. Lo cortó en 8 trozos iguales y comió 1 trozo. ¿Qué fracción del pan de maíz comió Tyler?

_____

8. Anna cortó una manzana en 4 trozos iguales. Le dio 1 trozo a su hermana. ¿Qué fracción de la manzana le dio Anna a su hermana?

_____

Revisión de la lección (3.NF.1)

1. ¿Qué fracción indica la parte sombreada?

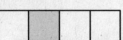

_____

2. Tasha cortó una barra de frutas en 3 partes iguales. Comió 1 parte. ¿Qué fracción de la barra de frutas comió Tasha?

_____

Repaso en espiral (3.OA.3, 3.OA.5, 3.MD.3)

3. Álex tiene 5 lagartijas. Las distribuye en partes iguales en 5 jaulas. ¿Cuántas lagartijas puso Álex en cada jaula?

_____

4. Halla el producto.

$$8 \times 1 = \boxed{}$$

_____

5. Leonardo compró 6 juguetes para su nuevo cachorro. Cada juguete costó $4. ¿Cuánto gastó Leonardo en los juguetes en total?

_____

6. Lilly hace una gráfica con dibujos. Cada dibujo de una estrella es igual a dos libros que leyó. La hilera para el mes de diciembre tiene 3 estrellas. ¿Cuántos libros leyó Lilly durante el mes de diciembre?

_____

Nombre _____

Fracciones de un entero

ESTÁNDAR COMÚN 3.NF.1
Develop understanding of fractions as numbers.

Escribe la fracción que indica cada parte. Escribe una fracción en palabras y en números para indicar la parte sombreada.

1.

Cada parte es ___ $\frac{1}{6}$ ___.

tres

_____ sextos

$\frac{3}{6}$
_____

2.

Cada parte es _____.

_____ octavos

3.

Cada parte es _____.

_____ tercios

4.

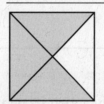

Cada parte es _____.

_____ cuartos

Sombrea el círculo fraccionario para representar la fracción. Luego escribe la fracción en números.

5. cuatro de seis

_____

6. ocho de ocho

_____

Resolución de problemas

7. Emma hace un cartel para el concierto de primavera de la escuela. Divide el cartel en 8 partes iguales. Usa dos de las partes para el título. ¿Qué fracción del cartel usa Emma para el título?

_____

8. Lucas hace una bandera. La bandera tiene 6 partes iguales. Cinco de las partes son rojas. ¿Qué fracción de la bandera es roja?

_____

Revisión de la lección (3.NF.1)

1. ¿Qué fracción indica la parte sombreada?

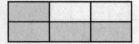

_____

2. ¿Qué fracción indica la parte sombreada?

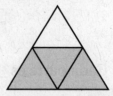

_____

Repaso en espiral (3.OA.7, 3.NBT.2, 3.MD.3)

3. La semana pasada, Sarah anduvo en bicicleta 115 minutos. Jennie anduvo en bicicleta 89 minutos la semana pasada. ¿Cuántos minutos en total anduvieron en bicicleta las niñas?

_____

4. Harrison hizo un edificio con 124 bloques. Greyson hizo un edificio con 78 bloques. ¿Cuántos bloques más que Greyson usó Harrison?

_____

5. Von compró una bolsa de 24 golosinas para perros. Le da a su cachorrito 3 golosinas por día. ¿Cuántos días durará la bolsa de golosinas para perros?

6. ¿Cuántos estudiantes eligieron natación?

Actividad preferida	
Patinaje	☺ ☺
Natación	☺ ☺ ☺ ☺ ☺
Ciclismo	☺ ☺ ☺ ☺
Clave: Cada ☺ = 5 votos.	

_____

_____

Nombre _____

Fracciones en la recta numérica

ESTÁNDARES COMUNES 3.NF.2a, 3.NF.2b
Develop understanding of fractions as numbers.

Usa tiras fraccionarias como ayuda para completar la recta numérica. Luego ubica y dibuja un punto para la fracción.

1. $\frac{1}{3}$

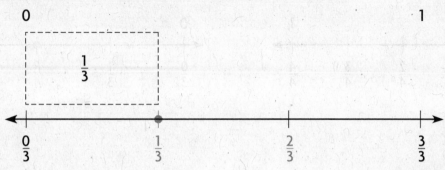

2. $\frac{3}{4}$

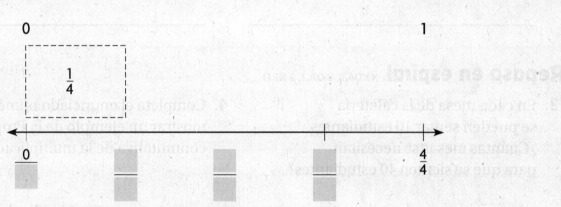

Escribe la fracción que indica el punto.

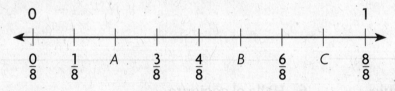

3. punto A _____   **4.** punto B _____   **5.** punto C _____

Resolución de problemas

6. Jade corrió 6 vueltas alrededor de su vecindario y recorrió 1 milla en total. ¿Cuántas vueltas debe correr para recorrer $\frac{5}{6}$ de milla?

7. La fracción que falta en una recta numérica está ubicada exactamente en el medio de $\frac{3}{6}$ y $\frac{5}{6}$. ¿Cuál es la fracción que falta?

_____   _____

Revisión de la lección (3.NF.2a, 3.NF.2b)

1. ¿Qué fracción indica el punto *G* en la recta numérica?

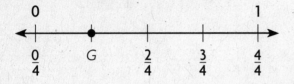

_____

2. ¿Qué fracción indica el punto *R* en la recta numérica?

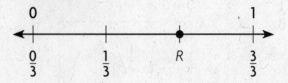

_____

Repaso en espiral (3.OA.5, 3.OA.7, 3.NF.1)

3. En cada mesa de la cafetería se pueden sentar 10 estudiantes. ¿Cuántas mesas se necesitan para que se sienten 40 estudiantes?

_____

4. Completa el enunciado numérico para mostrar un ejemplo de la Propiedad conmutativa de la multiplicación.

$$4 \times 9 =$$

_____

5. Pedro sombreó parte de un círculo. ¿Qué fracción indica la parte sombreada?

_____

6. Halla el cociente.

$$8 \div 1 = \boxed{}$$

Nombre _____

Relacionar fracciones y números enteros

ESTÁNDAR COMÚN 3.NF.3c
Develop an understanding of fractions as numbers.

Usa la recta numérica para saber si los dos números son iguales. Escribe *iguales* o *no iguales*.

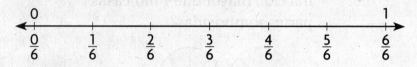

0   1

$\frac{0}{6}$ $\frac{1}{6}$ $\frac{2}{6}$ $\frac{3}{6}$ $\frac{4}{6}$ $\frac{5}{6}$ $\frac{6}{6}$

1. $\frac{0}{6}$ y 1

2. 1 y $\frac{6}{6}$

3. $\frac{1}{6}$ y $\frac{6}{6}$

no iguales

_____   _____

Cada figura es 1 entero. Escribe una fracción mayor que 1 para las partes sombreadas.

4.

2 = _____

5.

4 = _____
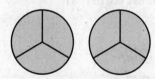

6.

3 = _____

7.

1 = _____

Resolución de problemas

8. Rachel corrió por un sendero que medía $\frac{1}{4}$ de milla de longitud. Corrió por el sendero 8 veces. ¿Cuántas millas corrió Rachel en total?

_____

9. Jon corrió alrededor de una pista que medía $\frac{1}{8}$ de milla de longitud. Corrió alrededor de la pista 24 veces. ¿Cuántas millas corrió Jon en total?

_____

Revisión de la lección (3.NF.3c)

1. Cada figura es 1 entero. ¿Qué fracción mayor que 1 indica las partes sombreadas?

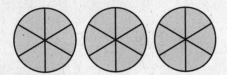

_____

2. Cada figura es 1 entero. ¿Qué fracción mayor que 1 indica las partes sombreadas?

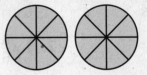

_____

Repaso en espiral (3.OA.3, 3.OA.7, 3.NBT.2, 3.NF.1)

3. Sara tiene 598 monedas de 1¢ y 231 monedas de 5¢. ¿Cuántas monedas de 1¢ y de 5¢ tiene en total?

$$598$$
$$+\ 231$$

_____

_____

4. Dylan leyó 6 libros. Kylie leyó el doble del número de libros que leyó Dylan. ¿Cuántos libros leyó Kylie?

_____

_____

5. Alyssa divide una barra de cereal en mitades. ¿Cuántas partes iguales hay?

_____

6. Hay 4 estudiantes en cada grupo pequeño de lectura. Si hay 24 estudiantes en total, ¿cuántos grupos de lectura hay?

_____

Nombre _____

Fracciones de un grupo

ESTÁNDAR COMÚN   3.NF.1
Develop understanding of fractions as numbers.

Escribe una fracción para indicar la parte sombreada de cada grupo.

1.

$$\frac{6}{8} \text{ ó } \frac{3}{4}$$

2.

_____

Escribe un número entero y una fracción mayor que 1 para indicar la parte completa.
Piensa: 1 recipiente = 1

3.

4.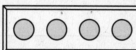

_____   _____   _____

Haz un dibujo rápido. Luego escribe una fracción para indicar la parte sombreada del grupo.

5. Dibuja 4 círculos.
Sombrea 2 círculos.

6. Dibuja 6 círculos.
Haz 3 grupos.
Sombrea 1 grupo.

_____   _____

Resolución de problemas

7. Brian tiene 3 tarjetas de básquetbol y 5 tarjetas de béisbol. ¿Qué fracción de las tarjetas de Brian son tarjetas de béisbol?

8. Sophia tiene 3 tulipanes rosados y 3 tulipanes blancos. ¿Qué fracción de los tulipanes de Sophia son tulipanes rosados?

_____   _____

Revisión de la lección (3.NF.1)

1. ¿Qué fracción del grupo está sombreada?

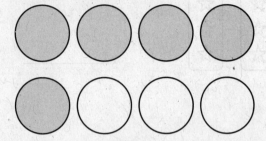

_____

2. ¿Qué fracción del grupo está sombreada?

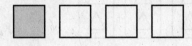

_____

Repaso en espiral (3.OA.3, 3.OA.7, 3.NBT.2)

3. ¿Qué enunciado numérico de multiplicación representa la matriz?

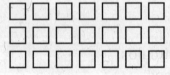

_____

_____

4. Juan tiene 436 tarjetas de béisbol y 189 tarjetas de fútbol americano. ¿Cuántas tarjetas más de béisbol que de fútbol americano tiene?

_____

_____

5. Sydney compró 3 frascos de purpurina. Cada frasco de purpurina costó $6. ¿Cuánto gastó Sydney en los frascos de purpurina en total?

_____

6. Suma.

$$\begin{array}{r} 262 \\ + 119 \\ \hline \end{array}$$

Nombre _____

Hallar una parte de un grupo usando fracciones unitarias

ESTÁNDAR COMÚN 3.NF.1
Develop understanding of fractions as numbers.

Encierra grupos iguales en un círculo para resolver los ejercicios. Cuenta la cantidad de objetos que hay en 1 grupo.

1. $\frac{1}{4}$ de 12 = ___3___

2. $\frac{1}{8}$ de 16 = _____

3. $\frac{1}{3}$ de 12 = _____

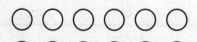

4. $\frac{1}{3}$ de 9 = _____

5. $\frac{1}{6}$ de 18 = _____

6. $\frac{1}{2}$ de 4 = _____

Resolución de problemas · En el mundo

7. Marco hizo 24 dibujos. Dibujó $\frac{1}{6}$ de ellos en la clase de arte. ¿Cuántos dibujos hizo Marco en la clase de arte?

_____

8. Caroline tiene 16 canicas. Un octavo de las canicas son azules. ¿Cuántas canicas azules tiene Caroline?

_____

Revisión de la lección

1. La Sra. Davis hizo 12 mantas para sus nietos. Un tercio de las mantas son azules. ¿Cuántas mantas azules hizo?

2. Jackson cortó el césped en 16 jardines. Un cuarto de los jardines están en la calle Main. ¿En cuántos jardines de la calle Main cortó el césped Jackson?

_____

Repaso en espiral (3.OA.7, 3.NBT.1, 3.NBT.2)

3. Halla la diferencia.

$$509$$
$$-175$$

4. Halla el cociente.

$$6\overline{)54}$$

_____

5. Hay 226 mascotas anotadas en la exhibición de mascotas. ¿Cuánto es 226 redondeado a la centena más próxima?

6. Ladonne hizo 36 panecillos. Colocó el mismo número de panecillos en 4 platos. ¿Cuántos panecillos colocó en cada plato?

_____

Nombre _____

Resolución de problemas • Hallar el grupo entero a partir de fracciones unitarias

ESTÁNDAR COMÚN 3.NF.1
Develop understanding of fractions as numbers.

Haz un dibujo rápido para resolver los problemas.

1. Katrina tiene 2 cintas azules para el cabello. Un cuarto de todas sus cintas son azules. ¿Cuántas cintas tiene Katrina en total?

   8 cintas

2. Un octavo de los libros de Tony son de misterio. Tiene 3 libros de misterio. ¿Cuántos libros tiene Tony en total?

3. Brianna tiene 4 pulseras rosadas. Un tercio de todas sus pulseras son rosadas. ¿Cuántas pulseras tiene Brianna?

4. Romeo completó 3 páginas de su álbum de estampillas. Esto es un sexto de las páginas del álbum. ¿Cuántas páginas hay en el álbum de estampillas de Romeo?

5. La semana pasada, Jeff ayudó a reparar la mitad de las bicicletas de una tienda de bicicletas. Si Jeff reparó 5 bicicletas, ¿cuántas bicicletas se repararon en total en la tienda de bicicletas la semana pasada?

6. Layla colecciona postales. Tiene 7 postales de Europa. Las postales de Europa representan un tercio del total de su colección. ¿Cuántas postales tiene Layla en total?

Revisión de la lección (3.NF.1)

1. En un zoológico hay 2 leones machos. Un sexto de los leones son machos. ¿Cuántos leones hay en el zoológico?

_____

2. Max tiene 5 carros de juguete de color rojo. Un tercio de sus carros de juguete son rojos. ¿Cuántos carros de juguete tiene Max?

_____

Repaso en espiral (3.OA.3, 3.NBT.1, 3.NBT.2, 3.NF.1)

3. Hay 382 árboles en el parque local. ¿Cuál es el número de árboles redondeado a la centena más próxima?

_____

4. La familia Jones va a recorrer 458 millas durante las vacaciones. Hasta ahora, recorrieron 267 millas. ¿Cuántas millas les quedan por recorrer?

$$458$$
$$-267$$

_____

5. Ken tiene canicas de 6 colores diferentes. Tiene 9 canicas de cada color. ¿Cuántas canicas tiene Ken en total?

_____

6. Ocho amigos se reparten dos pizzas en partes iguales. ¿Qué cantidad de pizza obtiene cada amigo?

_____

Carta para la casa

© Houghton Mifflin Harcourt Publishing Company

Vocabulario

fracciones equivalentes Dos o más fracciones que indican la misma cantidad.

mayor que $(>)$ Símbolo que se usa para comparar dos números. El número mayor se escribe primero.

menor que $(<)$ Símbolo que se usa para comparar dos números. El número menor se escribe primero.

Querida familia:

Durante las próximas semanas, en la clase de matemáticas aprenderemos más sobre las fracciones. Aprenderemos a comparar y ordenar fracciones y a hallar fracciones equivalentes.

El estudiante llevará a casa tareas que sirven para practicar las fracciones.

Este es un ejemplo de cómo se le enseñará a comparar fracciones que tienen el mismo numerador.

MODELO Compara fracciones que tienen el mismo numerador.

Esta es una manera en que compararemos fracciones que tienen el mismo numerador.

PASO 1

Compara $\frac{4}{8}$ y $\frac{4}{6}$.

Observa los numeradores.

Cada numerador es 4.

Los numeradores son iguales.

PASO 2

Puesto que los numeradores son iguales, observa los denominadores, 8 y 6.

Cuanto mayor es la cantidad de partes en que está dividido un entero, más pequeñas son las partes. Los octavos son partes más pequeñas que los sextos.

Entonces, $\frac{4}{8}$ es una fracción menor del entero que $\frac{4}{6}$.

$\frac{4}{8}$ es menor que $\frac{4}{6}$. $\frac{4}{8} < \frac{4}{6}$

Pistas

Identificar menos partes

Cuanto menor es la cantidad de partes en que está dividido un entero, más grandes son las partes. Por ejemplo, si un entero se divide en 6 partes iguales, las partes son más grandes que las partes del mismo entero si este se divide en 8 partes iguales. Entonces, $\frac{4}{6}$ es mayor que $(>)$ $\frac{4}{8}$.

Actividad

Juegue con tarjetas de fracciones para ayudar a su niño a comparar fracciones. En varias tarjetas, escriba pares de fracciones con el mismo numerador y dibuje un círculo entre las fracciones. Túrnense para extraer cada tarjeta y decir qué debe ir en el círculo: *mayor que* $(>)$ o *menor que* $(<)$.

School-Home Letter

© Houghton Mifflin Harcourt Publishing Company

Vocabulary

equivalent fractions Two or more fractions that name the same amount.

greater than ($>$) A symbol used to compare two numbers, with the greater number given first.

less than ($<$) A symbol used to compare two numbers, with the lesser number given first.

Dear Family,

During the next few weeks, our math class will be learning more about fractions. We will learn how to compare fractions, order fractions, and find equivalent fractions.

You can expect to see homework that provides practice with fractions.

Here is a sample of how your child will be taught to compare fractions that have the same numerator.

🔑 MODEL Compare Fractions with the Same Numerator

This is one way we will be comparing fractions that have the same numerator.

STEP 1

Compare $\frac{4}{8}$ and $\frac{4}{6}$.

Look at the numerators.

Each numerator is 4.

The numerators are the same.

STEP 2

Since the numerators are the same, look at the denominators, 8 and 6.

The more pieces a whole is divided into, the smaller the pieces are. Eighths are smaller pieces than sixths.

So, $\frac{4}{8}$ is a smaller fraction of the whole than $\frac{4}{6}$.

$\frac{4}{8}$ is less than $\frac{4}{6}$. $\frac{4}{8} < \frac{4}{6}$

Identifying Fewer Pieces

The fewer pieces a whole is divided into, the larger the pieces are. For example, when a whole is divided into 6 equal pieces, the pieces are larger than when the same size whole is divided into 8 equal pieces. So, $\frac{4}{6}$ is greater than ($>$) $\frac{4}{8}$.

Activity

Play a card game to help your child practice comparing fractions. On several cards, write a pair of fractions with the same numerator and draw a circle between the fractions. Players take turns drawing a card and telling whether *greater than* ($>$) or *less than* ($<$) belongs in the circle.

Resolución de problemas •
Comparar fracciones

ESTÁNDAR COMÚN 3.NF.3d
Develop understanding of fractions as numbers.

Resuelve.

1. Luis patina $\frac{2}{3}$ de milla desde su casa hasta la escuela. Isabella patina $\frac{2}{4}$ de milla para llegar a la escuela. ¿Quién patina una distancia mayor?

   Piensa: Usa tiras fraccionarias para representarlo.

   _____ Luis _____

2. Sandra prepara una pizza. Pone hongos sobre $\frac{2}{8}$ de la pizza. Agrega pimientos verdes sobre $\frac{5}{8}$ de la pizza. ¿Qué cobertura ocupa más espacio sobre la pizza?

   _____

3. Los frascos de pintura del salón de arte tienen distintas cantidades de pintura. El frasco de pintura verde tiene $\frac{4}{8}$ de pintura. El de pintura morada tiene $\frac{4}{6}$ de pintura. ¿Qué frasco tiene menos pintura?

   _____

4. Jan tiene una receta para hacer pan. Usa $\frac{2}{3}$ de taza de harina y $\frac{1}{3}$ de taza de cebolla picada. ¿De qué ingrediente usa mayor cantidad: harina o cebolla?

   _____

5. Edward caminó $\frac{3}{4}$ de milla desde su casa hasta el parque. Luego caminó $\frac{2}{4}$ de milla desde el parque hasta la biblioteca. ¿Qué distancia es más corta?

   _____

Revisión de la lección (3.NF.3d)

1. Ali y Jonah juntan conchas marinas en cubetas idénticas. Cuando terminan, la cubeta de Ali está llena hasta $\frac{2}{6}$ de su capacidad y la cubeta de Jonah está llena hasta $\frac{3}{6}$ de su capacidad. Usa >, < o = para comparar las fracciones.

$$\frac{3}{6} \bigcirc \frac{2}{6}$$

2. Rosa pinta una pared de su recámara. Usa pintura verde en $\frac{5}{8}$ de la pared y pintura azul en $\frac{3}{8}$ de la pared. Usa >, < o = para comparar las fracciones.

$$\frac{5}{8} \bigcirc \frac{3}{8}$$

Repaso en espiral (3.OA.6, 3.OA.9, 3.NF.1)

3. Daniel divide una tarta en octavos. ¿Cuántas partes iguales hay?

4. Dibuja líneas para dividir el círculo en 4 partes iguales.

5. Charles coloca 30 fotos en 6 hileras iguales en su tablero de anuncios. ¿Cuántas fotos hay en cada hilera?

6. Describe el patrón de la tabla.

Mesas	1	2	3	4	5
Sillas	5	10	15	20	25

Nombre _____

Comparar fracciones con el mismo denominador

ESTÁNDAR COMÚN 3.NF.3d
Develop understanding of fractions as numbers.

Compara. Escribe <, > ó =.

1. $\dfrac{3}{4}$ $\boxed{>}$ $\dfrac{1}{4}$

2. $\dfrac{3}{6}$ $\bigcirc$ $\dfrac{0}{6}$

3. $\dfrac{1}{2}$ $\bigcirc$ $\dfrac{1}{2}$

4. $\dfrac{5}{6}$ $\bigcirc$ $\dfrac{6}{6}$

5. $\dfrac{7}{8}$ $\bigcirc$ $\dfrac{5}{8}$

6. $\dfrac{2}{3}$ $\bigcirc$ $\dfrac{3}{3}$

7. $\dfrac{8}{8}$ $\bigcirc$ $\dfrac{0}{8}$

8. $\dfrac{1}{6}$ $\bigcirc$ $\dfrac{1}{6}$

9. $\dfrac{3}{4}$ $\bigcirc$ $\dfrac{2}{4}$

10. $\dfrac{1}{6}$ $\bigcirc$ $\dfrac{2}{6}$

11. $\dfrac{1}{2}$ $\bigcirc$ $\dfrac{0}{2}$

12. $\dfrac{3}{8}$ $\bigcirc$ $\dfrac{3}{8}$

13. $\dfrac{1}{4}$ $\bigcirc$ $\dfrac{4}{4}$

14. $\dfrac{5}{8}$ $\bigcirc$ $\dfrac{4}{8}$

15. $\dfrac{4}{6}$ $\bigcirc$ $\dfrac{6}{6}$

Resolución de problemas

16. Ben cortó $\dfrac{5}{6}$ de su césped en una hora.

    John cortó $\dfrac{4}{6}$ de su césped en una hora.

    ¿Quién cortó una superficie menor de césped en una hora?

17. Darcy horneó 8 panecillos. Puso arándanos en $\dfrac{5}{8}$ de los panecillos y puso frambuesas en los $\dfrac{3}{8}$ restantes. ¿Qué tenía la mayor cantidad de panecillos: arándanos o frambuesas?

Revisión de la lección (3.NF.3d)

1. Julia pinta $\frac{2}{6}$ de una pared de su recámara de color blanco. Pinta una superficie mayor de la pared de color verde. ¿Qué fracción podría representar la parte de la pared pintada de verde?

2. Compara. Escribe <, > ó =.

$$\frac{2}{8} \bigcirc \frac{3}{8}$$

Repaso en espiral (3.OA.3, 3.OA.5, 3.OA.7, 3.NBT.3)

3. El Sr. Edwards compra 2 perillas nuevas para cada uno de los armarios de su cocina. La cocina tiene 9 armarios. ¿Cuántas perillas compra?

4. Allie arma un librero nuevo con 8 estantes. Puede colocar 30 libros en cada estante. ¿Cuántos libros en total puede colocar en el librero?

5. Café Buen Día tiene 28 clientes en el desayuno. Hay 4 personas sentadas en cada mesa. ¿Cuántas mesas están ocupadas?

6. Elena quiere usar la propiedad conmutativa de la multiplicación como ayuda para hallar el producto de 5×4. ¿Qué enunciado numérico puede usar?

Nombre _____

Comparar fracciones con el mismo numerador

ESTÁNDAR COMÚN 3.NF.3d
Develop understanding of fractions as numbers.

Compara. Escribe <, > ó =.

1. $\dfrac{1}{8}$ < $\dfrac{1}{2}$

2. $\dfrac{3}{8}$ ◯ $\dfrac{3}{6}$

3. $\dfrac{2}{3}$ ◯ $\dfrac{2}{4}$

4. $\dfrac{2}{8}$ ◯ $\dfrac{2}{3}$

5. $\dfrac{3}{6}$ ◯ $\dfrac{3}{4}$

6. $\dfrac{1}{2}$ ◯ $\dfrac{1}{6}$

7. $\dfrac{5}{6}$ ◯ $\dfrac{5}{8}$

8. $\dfrac{4}{8}$ ◯ $\dfrac{4}{8}$

9. $\dfrac{6}{8}$ ◯ $\dfrac{6}{6}$

Resolución de problemas

10. Javier compra comida en el comedor de la escuela. La bandeja de ensaladas está $\dfrac{3}{8}$ llena. La bandeja de frutas está $\dfrac{3}{4}$ llena. ¿Qué bandeja está más llena?

11. Rachel compró algunos botones. $\dfrac{2}{4}$ de los botones son de color amarillo y $\dfrac{2}{8}$ son de color rojo. ¿De qué color compró más botones Rachel?

_____

_____

Revisión de la lección (3.NF.3d)

1. ¿Qué símbolo hace que el enunciado sea verdadero? Escribe <, > o =.

$\dfrac{3}{4} \bigcirc \dfrac{3}{8}$

2. ¿Qué símbolo hace que el enunciado sea verdadero? Escribe <, > o =.

$\dfrac{2}{4} \bigcirc \dfrac{2}{3}$

Repaso en espiral (3.OA.7, 3.NF.1)

3. Anita dividió un círculo en 6 partes iguales y sombreó 1 de las partes. ¿Qué fracción indica la parte que sombreó?

4. ¿Qué fracción indica la parte sombreada del rectángulo?

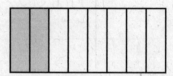

_____

5. Chip trabajó en el refugio para animales 6 horas por semana durante varias semanas. Trabajó un total de 42 horas. ¿Cuántas semanas trabajó Chip en el refugio para animales?

6. El Sr. Jackson tiene 20 monedas de 25¢. Si le da 4 monedas a cada uno de sus hijos, ¿cuántos hijos tiene el Sr. Jackson?

_____

Nombre _____

Comparar fracciones

ESTÁNDAR COMÚN 3.NF.3d
Develop an understanding of fractions as numbers.

Compara. Escribe $<$, $>$ ó $=$. Escribe la estrategia que usaste.

1. $\frac{3}{8}$ $\bigcirc\!\!\!<$ $\frac{3}{4}$

Piensa: Los numeradores son los mismos. Compara los denominadores. La fracción mayor será la que tenga el menor denominador.

___mismo numerador___

_____

2. $\frac{2}{3}$ $\bigcirc$ $\frac{7}{8}$

_____

3. $\frac{3}{4}$ $\bigcirc$ $\frac{1}{4}$

_____

Escribe una fracción que sea menor que o mayor que la fracción dada. Haz un dibujo para justificar tu respuesta.

4. mayor que $\frac{1}{3}$ ___

5. menor que $\frac{3}{4}$ ___

Resolución de problemas En el mundo

6. En la fiesta de tercer grado había dos grupos, y cada uno de ellos tenía su propia pizza. El grupo azul comió $\frac{7}{8}$ de pizza. El grupo verde comió $\frac{2}{8}$ de pizza. ¿Cuál de los grupos comió más cantidad de pizza?

_____

7. Ben y Antonio toman el mismo autobús para ir a la escuela. El viaje de Ben es de $\frac{7}{8}$ de milla. El viaje de Antonio es de $\frac{3}{4}$ de milla. ¿Quién tiene un viaje más largo?

_____

Revisión de la lección (3.NF.3d)

1. Compara $\frac{2}{3}$ y $\frac{7}{8}$. Escribe $<$, $>$ ó $=$.

$$\frac{2}{3} \bigcirc \frac{7}{8}$$

2. ¿Qué símbolo hace que el enunciado sea verdadero? Escribe $<$, $>$ ó $=$.

$$\frac{2}{4} \bigcirc \frac{2}{6}$$

Repaso en espiral (3.OA.4, 3.NBT.3, 3.NF.3c)

3. Cam, Stella y Rose recolectaron 40 manzanas cada una. Pusieron todas las manzanas en un cajón. ¿Cuántas manzanas hay en el cajón?

4. Cada figura es 1 entero. ¿Qué fracción representa la parte sombreada del modelo?

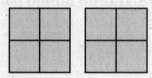

_____

5. ¿Qué operación de multiplicación relacionada puedes usar para hallar $16 \div \blacksquare = 2$?

6. ¿Cuál es el factor desconocido?

$$9 \times \blacksquare = 36$$

_____

_____

Comparar y ordenar fracciones

ESTÁNDAR COMÚN 3.NF.3d
Develop understanding of fractions as numbers.

Ordena las fracciones de mayor a menor.

1. $\frac{4}{4}, \frac{1}{4}, \frac{3}{4}$ $\dfrac{4}{4}$, $\dfrac{3}{4}$, $\dfrac{1}{4}$

   Piensa: Los denominadores son los mismos; entonces, compara los numeradores: $4 > 3 > 1$.

2. $\frac{2}{8}, \frac{5}{8}, \frac{1}{8}$ _____ , _____ , _____

3. $\frac{1}{3}, \frac{1}{6}, \frac{1}{2}$ _____ , _____ , _____

4. $\frac{2}{3}, \frac{2}{6}, \frac{2}{8}$ _____ , _____ , _____

Ordena las fracciones de menor a mayor.

5. $\frac{2}{4}, \frac{4}{4}, \frac{3}{4}$ _____ , _____ , _____

6. $\frac{4}{6}, \frac{5}{6}, \frac{2}{6}$ _____ , _____ , _____

7. $\frac{7}{8}, \frac{0}{8}, \frac{3}{8}$ _____ , _____ , _____

8. $\frac{3}{4}, \frac{3}{6}, \frac{3}{8}$ _____ , _____ , _____

Resolución de problemas En el mundo

9. El Sr. Jackson corrió $\frac{7}{8}$ de milla el lunes. Corrió $\frac{3}{8}$ de milla el miércoles y $\frac{5}{8}$ de milla el viernes. ¿Qué día el Sr. Jackson corrió la distancia más corta?

   _____

10. Delia tiene tres cintas. La cinta roja mide $\frac{2}{4}$ de pie de longitud. La cinta verde mide $\frac{2}{3}$ de pie de longitud. La cinta amarilla mide $\frac{2}{6}$ de pie de longitud. Quiere usar la cinta más larga para un proyecto.

    ¿La cinta de qué color debería usar Delia?

    _____

Revisión de la lección (3.NF.3d)

1. Ordena las fracciones de menor a mayor.

$$\frac{1}{8}, \frac{1}{3}, \frac{1}{6}$$

2. Ordena las fracciones de mayor a menor.

$$\frac{3}{6}, \frac{3}{4}, \frac{3}{8}$$

Repaso en espiral (3.OA.5, 3.NF.1, 3.MD.3)

3. ¿Qué fracción del grupo de carros está sombreada?

4. Wendy tiene 6 trozos de fruta, de los cuales 2 son de banana. ¿Qué fracción de la fruta de Wendy representan las bananas?

5. Toby reúne información sobre las mascotas de sus compañeros y hace una gráfica de barras. Halla que 9 de sus compañeros tienen perros, 2 tienen peces, 6 tienen gatos y 3 tienen hámsters. ¿Cuál de las mascotas tendrá la barra más larga en la gráfica de barras?

6. ¿El enunciado numérico es un ejemplo de cuál propiedad de multiplicación?

$$6 \times 7 = (6 \times 5) + (6 \times 2)$$

Nombre _____

Hacer modelos de fracciones equivalentes

ESTÁNDAR COMÚN 3.NF.3a
Develop understanding of fractions as numbers.

Sombrea el modelo. Luego divide las partes para hallar la fracción equivalente.

1.

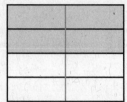

$$\frac{2}{4} = \frac{4}{8}$$

2.

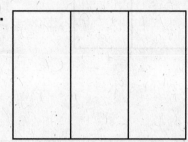

$$\frac{1}{3} = \frac{\boxed{}}{6}$$

3.

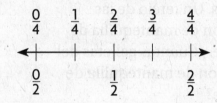

$$\frac{1}{2} = \frac{\boxed{}}{4}$$

4.

$$\frac{3}{4} = \frac{\boxed{}}{8}$$

Resolución de problemas En el mundo

5. Mike dice que $\frac{3}{3}$ de su modelo de fracción están sombreados en azul. Ryan dice que $\frac{6}{6}$ del mismo modelo están sombreados en azul. ¿Las dos fracciones son equivalentes? Si es así, ¿cuál es otra fracción equivalente?

6. Brett sombreó $\frac{4}{8}$ de una hoja de cuaderno. Aisha dice que él sombreó $\frac{1}{2}$ de la hoja. ¿Las dos fracciones son equivalentes? Si es así, ¿cuál es otra fracción equivalente?

Revisión de la lección (3.NF.3a)

1. Halla la fracción equivalente a $\frac{2}{3}$.

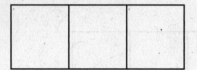

_____

2. Halla la fracción equivalente a $\frac{1}{4}$.

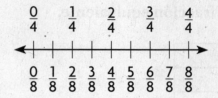

_____

Repaso en espiral (3.OA.3, 3.OA.7, 3.NF.1)

3. Esta semana, Eric practicó piano y guitarra durante un total de 8 horas. Practicó piano durante $\frac{1}{4}$ de ese tiempo. ¿Durante cuántas horas practicó piano Eric esta semana?

_____

4. Kylee compró un paquete de 12 galletas. Un tercio de las galletas son de mantequilla de cacahuate. ¿Cuántas galletas del paquete son de mantequilla de cacahuate?

_____

5. 56 estudiantes asistirán al partido. El entrenador ubica a 7 estudiantes en cada camioneta. ¿Cuántas camionetas se necesitan para llevar a los estudiantes al partido?

_____

6. Escribe una ecuación de división para la ilustración.

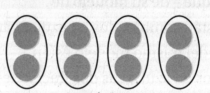

_____

Nombre _____

Fracciones equivalentes

ESTÁNDAR COMÚN 3.NF.3b
Develop understanding of fractions as numbers.

Cada figura es 1 entero. Sombrea el modelo para hallar la fracción equivalente.

1.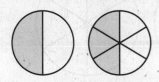

$$\frac{1}{2} = \frac{3}{6}$$

2.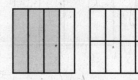

$$\frac{3}{4} = \frac{6}{\boxed{}}$$

Encierra grupos iguales en un círculo para hallar la fracción equivalente.

3.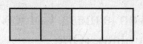

$$\frac{2}{4} = \frac{\boxed{}}{2}$$

4.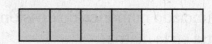

$$\frac{4}{6} = \frac{\boxed{}}{3}$$

Resolución de problemas

5. May pintó de azul 4 de las 8 partes iguales de un cartón para cartel. Jared pintó de rojo 2 de las 4 partes iguales de un cartón para cartel del mismo tamaño. Escribe fracciones para mostrar qué parte de cada cartón pintó cada persona.

_____

6. ¿Las dos fracciones son equivalentes? Dibuja un modelo para explicarlo.

_____

Revisión de la lección (3.NF.3b)

1. ¿Qué fracción es equivalente a $\frac{6}{8}$?

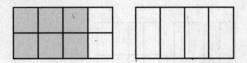

_____

2. ¿Qué fracción es equivalente a $\frac{1}{3}$?

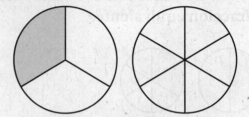

_____

Repaso en espiral (3.OA.5, 3.OA.6, 3.OA.7)

3. ¿Qué enunciado numérico de división se muestra en la matriz?

_____

4. Cody puso 4 platos en la mesa. Colocó 1 manzana en cada plato. ¿Qué enunciado numérico puede usarse para hallar la cantidad total de manzanas que hay en la mesa?

_____

5. Escribe un enunciado numérico de división que sea una operación relacionada con $7 \times 3 = 21$.

_____

6. Halla el cociente.

$$4\overline{)36}$$

_____

Carta para la casa

Vocabulario

a. m. Las horas después de la medianoche y antes del mediodía.

p. m. Las horas después del mediodía y antes de la medianoche.

tiempo transcurrido La cantidad de tiempo que pasa desde el inicio de una actividad hasta su finalización.

Querida familia:

Durante las próximas semanas, en la clase de matemáticas aprenderemos sobre mediciones. Aprenderemos a medir el tiempo, la longitud, el volumen de los líquidos y la masa.

El estudiante llevará a casa tareas con actividades para practicar cómo decir la hora, hallar el tiempo transcurrido y resolver problemas con mediciones.

Este es un ejemplo de cómo se le enseñará a hallar el tiempo transcurrido.

🔑 MODELO Halla el tiempo transcurrido.

Esta es una manera de hallar el tiempo transcurrido que aprenderemos.
Hora de inicio: 2:06 p. m.
Hora de finalización: 2:20 p. m.

PASO 1

Halla la hora de inicio en una recta numérica. Cuenta hacia adelante hasta llegar a la hora de finalización, las 2:20.

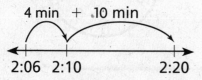

4 min + 10 min

2:06 2:10   2:20

PASO 2

Suma los minutos.

4 + 10 = 14

Pistas

Otra manera de hallar el tiempo transcurrido

Otra manera de hallar el tiempo transcurrido es usar un reloj analógico.

Entonces, el tiempo transcurrido es 14 minutos.

Actividad

Pida a su niño que practique cómo decir la hora y hallar el tiempo transcurrido. Hágale preguntas como: "El entrenamiento de fútbol comienza a las 3:30 p. m. y termina a las 4:20 p. m. ¿Cuántos minutos dura?".

School-Home Letter

Vocabulary

A.M. The times after midnight and before noon

P.M. The times after noon and before midnight

elapsed time The amount of time that passes from the start of an activity to the end of the activity

Dear Family,

During the next few weeks, our math class will be learning about measurement. We will learn to measure time, length, liquid volume, and mass.

You can expect to see homework that provides practice with telling time, finding elapsed time, and solving problems with measurement.

Here is a sample of how your child will be taught to find elapsed time.

🔒 MODEL Find Elapsed Time

Tips

This is one way we will be learning to find elapsed time.
Start time: 2:06 P.M. End time: 2:20 P.M.

STEP 1

Find the starting time on a the number line. Count on to the ending time, 2:20.

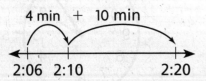

4 min + 10 min

2:06 2:10   2:20

So, the elapsed time is 14 minutes.

STEP 2

Add the minutes.

4 + 10 = 14

Another Way to Find Elapsed Time

Another way to find the elapsed time is to use an analog clock.

Activity

Have your child practice telling time and finding elapsed time. Ask questions such as, "Soccer practice starts at 3:30 P.M. It ends at 4:20 P.M. How many minutes does it last?"

Nombre _____

La hora en intervalos de un minuto

ESTÁNDAR COMÚN 3.MD.1
Solve problems involving measurement and estimation of intervals of time, liquid volumes, and masses of objects.

Escribe la hora. Escribe una manera en que puedes leer la hora.

1.

1:16; la una
y dieciséis
minutos
_____

2.

_____
_____

3. `4:13`

_____
_____

4.

_____
_____

5. `7:24`

_____
_____

6.

_____
_____

Escribe la hora de otra manera.

7. las 4 y 23 minutos

_____

8. las 11 menos 18 minutos

_____

9. las 9 menos 10 minutos

_____

10. la 1 y siete minutos

_____

Resolución de problemas

11. ¿Qué hora es cuando el horario pasa un poco de las 3 y el minutero señala el 3?

_____

12. Peter comenzó a practicar a las ocho menos veinticinco minutos. ¿Cómo escribes esta hora de otra manera?

_____

Revisión de la lección (3.MD.1)

1. ¿De qué otra manera puedes escribir las 10 menos 13 minutos?

2. ¿Qué hora indica el reloj?

Repaso en espiral (3.OA.1, 3.OA.2, 3.OA.4, 3.OA.6)

3. Cada pájaro tiene 2 alas. ¿Cuántas alas tendrán 5 pájaros?

4. Halla el factor desconocido.

$$8 \times \blacksquare = 56$$

5. El Sr. Wren tiene 56 pinceles. Coloca 8 pinceles en cada una de las mesas del salón de arte. ¿Cuántas mesas hay en el salón de arte?

6. ¿Qué número completa las ecuaciones?

$$4 \times \blacktriangle = 20 \quad 20 \div 4 = \blacktriangle$$

Nombre _____

A. m. y p. m.

ESTÁNDAR COMÚN 3.MD.1
Solve problems involving measurement and estimation of intervals of time, liquid volumes, and masses of objects.

Escribe la hora para la actividad. Usa a. m. o p. m.

1. almorzar

12:20 p. m.
_____

2. volver a casa de la escuela

_____

3. ver el amanecer

_____

4. salir a pasear

_____

5. ir a la escuela

_____

6. prepararse para la clase de arte

_____

Escribe la hora. Usa a. m. o p. m.

7. las 5:00 y 13 minutos de la mañana

_____

8. las 9:00 menos 19 minutos de la noche

_____

9. un cuarto de hora antes de la medianoche

_____

10. las 4:00 y media de la mañana

_____

Resolución de problemas En el mundo

11. Jaime está en la clase de matemáticas. ¿Qué hora es? Usa a. m. o p. m.

_____

12. Peter comenzó a practicar con su trompeta a las tres y quince minutos. Usa a. m. o p. m para escribir esa hora.

_____

Revisión de la lección (3.MD.1)

1. Steven está haciendo su tarea. ¿Qué hora es? Usa a. m. o p. m.

4:35

_____

2. Después de terminar el desayuno, el Sr. Edwards salió a trabajar a las siete y quince minutos. ¿Qué hora es esa? Usa a. m. o p. m.

_____

Repaso en espiral (3.OA.6, 3.NBT.2, 3.NBT.3, 3.NF.3d)

3. ¿Qué ecuación de división se relaciona con la ecuación de multiplicación $4 \times 6 = 24$?

_____
_____

4. Hay 50 palillos de dientes en cada caja. Jaime compra 4 cajas para su bandeja de fiesta. ¿Cuántos palillos de dientes compra Jaime en total?

_____
_____

5. En una tienda de mascotas se vendieron 145 bolsas de comida para perros con sabor a carne y 263 bolsas con sabor a queso. ¿Cuántas bolsas de comida para perro se vendieron en total?

_____

6. Compara. Escribe $<$, $>$ ó $=$.

$\dfrac{3}{6} \bigcirc \dfrac{4}{6}$

Nombre _____

Medir intervalos de tiempo

ESTÁNDAR COMÚN 3.MD.1
*Solve problems involving measurement and
estimation of intervals of time, liquid volumes, and
masses of objects.*

Halla el tiempo transcurrido.

1. Inicio: 8:10 a. m.
Finalización: 8:45 a. m.

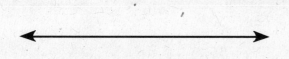

35 minutos

2. Inicio: 6:45 p. m.
Finalización: 6:54 p. m.

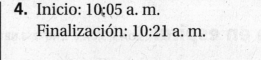

3. Inicio: 3:00 p. m.
Finalización: 3:37 p. m.

4. Inicio: 10:05 a. m.
Finalización: 10:21 a. m.

5. Inicio: 7:30 a. m.
Finalización: 7:53 a. m.

6. Inicio: 5:20 a. m.
Finalización: 5:47 a. m.

Resolución de problemas En el mundo

7. Un espectáculo del museo comienza a
las 7:40 p. m. y termina a las 7:57 p. m.
¿Cuánto dura?

8. Un tren parte de la estación a las
6:15 a. m. Otro tren parte a las
6:55 a. m. ¿Cuánto más tarde parte
el segundo tren?

Revisión de la lección (3.MD.1)

1. Marcus comenzó a jugar al básquetbol a las 3:30 p. m. y terminó de jugar a las 3:55 p. m. ¿Cuántos minutos jugó al básquetbol?

2. La obra de teatro escolar comenzó a las 8:15 p. m. y terminó a las 8:56 p. m. ¿Cuánto duró la obra de teatro escolar?

Repaso en espiral (3.OA.1, 3.OA.6, 3.NBT.2, 3.NBT.3)

3. Cada carro tiene 4 ruedas. ¿Cuántas ruedas tendrán 7 carros?

4. ¿Qué número completa las ecuaciones?

$$3 \times \blacksquare = 27 \quad 27 \div 3 = \blacksquare$$

5. Hay 20 servilletas en cada paquete. Kelli compró 8 paquetes para su fiesta. ¿Cuántas servilletas compró Kelli en total?

6. El Sr. Martín manejó 290 millas la semana pasada. Esta semana manejó 125 millas más que la semana pasada. ¿Cuántas millas manejó el Sr. Martín esta semana?

Nombre _____

Usar intervalos de tiempo

ESTÁNDAR COMÚN 3.MD.1
Solve problems involving measurement and estimation of intervals of time, liquid volumes, and masses of objects.

Halla la hora de inicio.

1. Hora de finalización: 4:29 p. m.
Tiempo transcurrido: 55 minutos

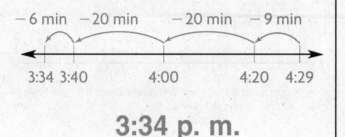

3:34 p. m.

2. Hora de finalización: 10:08 a. m.
Tiempo transcurrido: 30 minutos

_____

Halla la hora de finalización.

3. Hora de inicio: 2:15 a. m.
Tiempo transcurrido: 45 minutos

_____

4. Hora de inicio: 6:57 p. m.
Tiempo transcurrido: 47 minutos

_____

Resolución de problemas

5. Jenny dedicó 35 minutos a hacer una investigación en Internet. Terminó a las 7:10 p. m. ¿A qué hora comenzó Jenny su investigación en Internet?

_____

6. Clark salió hacia la escuela a las 7:43 a. m. Llegó a la escuela 36 minutos más tarde. ¿A qué hora llegó Clark a la escuela?

_____

Revisión de la lección (3.MD.1)

1. Cody y sus amigos comenzaron a jugar un partido a las 6:30 p. m. Tardaron 37 minutos en terminar el partido. ¿A qué hora terminaron?

_____

2. Delia trabajó 45 minutos en su pintura al óleo. Se tomó un descanso a las 10:35 a. m. ¿A qué hora comenzó Delia a trabajar en la pintura?

_____

Repaso en espiral (3.OA.2, 3.OA.7, 3.MD.1)

3. Sofía tiene 30 broches de colección. Quiere colocar la misma cantidad de broches en cada una de las 5 cajas que tiene. ¿Cuántos broches debe colocar en cada caja?

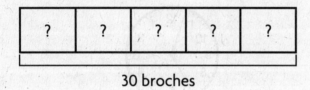

30 broches

4. ¿Qué hora se muestra en el reloj?

_____

5. Ricardo tiene 32 libros para colocar en 4 estantes. Coloca la misma cantidad de libros en cada estante. ¿Cuántos libros coloca Ricardo en cada estante?

_____

6. Jon comenzó a jugar un videojuego a las 5:35 p. m. Terminó de jugar a las 5:52 p. m. ¿Cuánto tiempo jugó Jon?

_____

Nombre _____

Resolución de problemas • Intervalos de tiempo

ESTÁNDAR COMÚN 3.MD.1
Solve problems involving measurement and estimation of intervals of time, liquid volumes, and masses of objects.

Resuelve los problemas. Muestra tu trabajo.

1. Hannah quiere encontrarse con sus amigos en el centro. Antes de salir de su casa, hace las tareas domésticas durante 60 minutos y dedica 20 minutos a almorzar. Tarda 15 minutos en caminar hasta el centro. Hannah comenzó las tareas domésticas a las 11.45 a. m. ¿A qué hora se encontró con sus amigos?

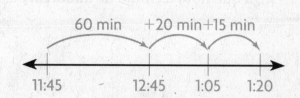

_____**1:20 p. m.**_____

2. Katie practicó con la flauta durante 45 minutos. Luego comió un refrigerio en 15 minutos. A continuación, miró televisión durante 30 minutos, hasta las 6:00 p. m. ¿A qué hora comenzó Katie a practicar con la flauta?

_____

3. Nick sale de la escuela a las 2:25 p. m. Tiene un recorrido en autobús de 15 minutos para volver a casa. A continuación, sale 30 minutos a andar en bicicleta. Luego dedica 55 minutos a hacer la tarea. ¿A qué hora termina Nick su tarea?

_____

4. Los alumnos de tercer grado están por ir de excursión al museo en autobús. El autobús parte de la escuela a las 9:45 a. m. El viaje dura 47 minutos. ¿A qué hora llega el autobús al museo?

_____

Revisión de la lección (3.MD.1)

1. Gloria fue al centro comercial e hizo compras durante 50 minutos. Luego almorzó en 30 minutos. Si Gloria llegó al centro comercial a las 11:00 a. m., ¿a qué hora terminó de almorzar?

_____

2. El partido de béisbol comienza a las 2:00 p. m. Ying tarda 30 minutos en llegar al estadio. ¿A qué hora debe salir Ying de su casa para llegar 30 minutos antes de que comience el partido?

_____

Repaso en espiral (3.OA.2, 3.OA.4, 3.NBT.2, 3.NF.3d)

3. Escribe las fracciones $\frac{2}{4}$, $\frac{2}{8}$ y $\frac{2}{6}$ en orden, de menor a mayor

_____

4. Halla el factor desconocido.

$$6 \times \blacksquare = 36$$

_____

5. Había 405 libros en un estante de la biblioteca. Se retiraron algunos libros. Ahora quedan 215 libros en el estante. ¿Cuántos libros se retiraron?

_____

6. Savannah tiene 48 fotos. Coloca 8 fotos en cada página de su álbum. ¿Cuántas páginas del álbum usa?

_____

Medir la longitud

ESTÁNDAR COMÚN 3.MD.4
Represent and interpret data.

Mide la longitud a la media pulgada más próxima.

1.

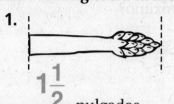

$1\frac{1}{2}$

_____ pulgadas

2.

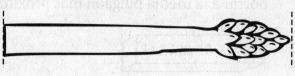

_____ pulgadas

3.

_____ pulgadas

Mide la longitud al cuarto de pulgada más próximo.

4.

_____ pulgadas

5.

_____ pulgadas

6.

_____ pulgada

7.

_____ pulgadas

Resolución de problemas

Usa una hoja de papel aparte para resolver el Problema 8.

8. Dibuja 8 líneas que midan entre 1 y 3 pulgadas de longitud. Mide cada línea al cuarto de pulgada más próximo y haz un diagrama de puntos.

_____

9. La cola del perro de Álex mide $5\frac{1}{4}$ pulgadas de longitud. ¿Entre qué dos marcas de pulgada de una regla está esta medida?

_____

Revisión de la lección (3.MD.4)

1. ¿Cuál es la longitud de la goma de borrar a la media pulgada más próxima?

_____

2. ¿Cuál es la longitud de la hoja al cuarto de pulgada más próximo?

_____

Repaso en espiral (3.OA.7, 3.MD.1)

3. Escribe las ecuaciones incluidas en el mismo conjunto de operaciones relacionadas como $6 \times 8 = 48$?

_____

_____

4. Brooke dice que faltan 49 días para el 4 de julio. Una semana tiene 7 días. ¿Cuántas semanas faltan para el 4 de julio?

_____

_____

5. Son las 8:00 menos 20 minutos de la mañana. ¿Cuál es la manera correcta de escribir esa hora?

_____

6. Marcy tocó el piano durante 45 minutos. Dejó de tocar a las 4:15 p. m. ¿A qué hora comenzó a tocar el piano?

_____

Nombre _____

Estimar y medir el volumen de un líquido

ESTÁNDAR COMÚN 3.MD.2
Solve problems involving measurement and estimation of intervals of time, liquid measures, and masses of objects.

Estima qué volumen tendrá el líquido de un recipiente lleno.
Escribe *más de 1 litro, alrededor de 1 litro o menos de 1 litro*.

1. recipiente grande de leche  **más de 1 litro**	**2.** recipiente pequeño de leche _____	**3.** botella de agua  _____
4. cucharada de agua  _____	**5.** tina de baño llena hasta la mitad  _____	**6.** gotero lleno _____

Resolución de problemas · En el mundo

Usa las ilustraciones para responder las preguntas 7 y 8. Alan vierte agua en cuatro vasos del mismo tamaño.

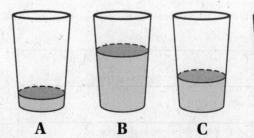

7. ¿Qué vaso tiene la mayor cantidad de

agua? _____

8. ¿Qué vaso tiene la menor cantidad

de agua? _____

Revisión de la lección (3.MD.2)

1. Felicia llenó el lavabo del baño de agua. ¿Alrededor de cuánta agua puso en el lavabo?

_____

2. Kyle necesitó alrededor de 1 litro de agua para llenar un recipiente. ¿Qué recipiente es más probable que haya llenado Kyle?

_____

Repaso en espiral (3.OA.5, 3.NF.1, 3.MD.1, 3.MD.4)

3. Cecil tenía 6 cubos de hielo. Colocó 1 cubo de hielo en cada vaso. ¿En cuántos vasos colocó cubos de hielo Cecil?

_____

4. Juan tiene 12 panecillos. Coloca $\frac{1}{4}$ de los panecillos en una bolsa. ¿Cuántos panecillos coloca Juan en la bolsa?

_____

5. ¿Qué opción es una manera de leer la hora que se muestra en el reloj?

_____

_____

6. Julianne dibujó el siguiente segmento. Usa la regla para medir el segmento al cuarto de pulgada más próximo.

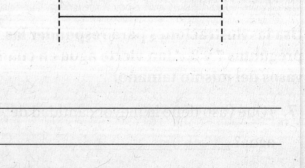

_____

_____

Nombre _____

Estimar y medir la masa

ESTÁNDAR COMÚN 3.MD.2
Solve problems involving measurement and intervals of time, liquid volumes, and masses of objects.

Elige la unidad que usarías para medir la masa.
Escribe *gramo* o *kilogramo*.

1. CD

gramo
_____

2. niño

_____

3. azúcar

_____

4. león

_____

5. clip

_____

6. botella de plástico vacía

_____

Compara la masa de los objetos. Escribe *es menor que,*
***es igual a* o *es mayor que*.**

7.

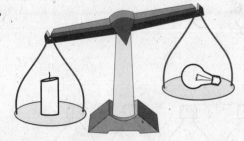

La masa de la vela _____

la masa de la bombilla.

8.

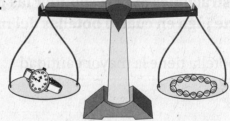

La masa del reloj _____

la masa del collar.

Resolución de problemas En el mundo

9. Una pelota roja tiene una masa menor que 1 kilogramo. Una pelota azul tiene una masa de 1 kilogramo. ¿La masa de la pelota azul es mayor o menor que la masa de la pelota roja?

_____

10. El perro de Brock es un *collie*. Para hallar la masa del perro, ¿Brock debería usar *gramos* o *kilogramos*?

_____

Revisión de la lección (3.MD.2)

1. ¿Qué unidad de medida usarías para medir la masa de la uva? Escribe gramo o kilogramo.

_____

2. Elsie quiere hallar la masa de su poni. ¿Qué unidad debería usar? Escribe gramo o kilogramo.

_____

Repaso en espiral (3.OA.2, 3.OA.8, 3.MD.2)

3. Marsie infló 24 globos. Ató los globos en grupos de 4. ¿Cuántos grupos formó Marsie?

_____

4. Clark usó el orden de las operaciones para hallar el número desconocido en $15 - 12 \div 3 = n$. ¿Cuál es el valor del número desconocido?

_____

Usa las ilustraciones para responder las preguntas 5 y 6. Ralph vierte jugo en cuatro botellas del mismo tamaño.

5. ¿Qué botella tiene la mayor cantidad de jugo?

_____

6. ¿Qué botella tiene la menor cantidad de jugo?

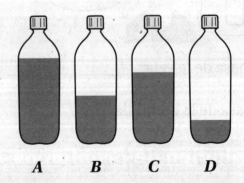

A   B   C   D

Nombre _____

Resolver problemas sobre el volumen de un líquido y la masa

ESTÁNDAR COMÚN 3.MD.2
Solve problems involving measurement and estimation of intervals of time, liquid volumes, and masses of objects.

Escribe una ecuación y resuelve el problema.

1. A Luis le sirvieron 145 gramos de carne y 217 gramos de vegetales en una comida. ¿Cuál es la masa total de la carne y los vegetales?

Piensa: Suma para hallar cuánto es el total.

145 ⊕ 217 = _____ _____

2. El tanque de gasolina de un tractor para cortar césped tiene capacidad para 5 litros de combustible. ¿Cuántos tanques de gasolina de 5 litros se pueden llenar con una lata de combustible de 20 litros llena?

_____ ◯ _____ = _____ _____

3. Para preparar una bebida de lima limón, Mac mezcló 4 litros de limonada con 2 litros de jugo de lima. ¿Qué cantidad de la bebida de lima limón preparó Mac?

_____ ◯ _____ = _____ _____

4. Una moneda de 5¢ tiene una masa de 5 gramos. Hay 40 monedas de 5¢ en un rollo de monedas. ¿Cuál es la masa del rollo de monedas de 5¢?

_____ ◯ _____ = _____ _____

5. Cuatro familias se reparten una canasta con 16 kilogramos de manzanas en partes iguales. ¿Cuántos kilogramos de manzanas recibe cada familia?

_____ ◯ _____ = _____ _____

6. Para una fiesta, Julia hizo 12 litros de refresco de frutas. Quedaron 3 litros después de la fiesta. ¿Cuánto refresco de frutas bebieron las personas que participaron en la fiesta?

_____ ◯ _____ = _____ _____

Resolución de problemas En el mundo

7. En la pecera de Zoe caben 27 litros de agua. Zoe usa un recipiente de 3 litros para llenarla. ¿Cuántas veces tiene que llenar el recipiente de 3 litros para llenar la pecera?

_____

8. La mochila de Adrián tiene una masa de 15 kilogramos. La mochila de Teresa tiene una masa de 8 kilogramos. ¿Cuál es la masa total de las dos mochilas?

_____

Revisión de la lección (3.MD.2)

1. El sabueso de Mickey tiene una masa de 15 kilogramos. Su perro salchicha tiene una masa de 13 kilogramos. ¿Cuál es la masa de los dos perros juntos?

_____

2. Lois puso 8 litros de agua en una cubeta para que beba su poni. Al final del día, quedaron 2 litros de agua. ¿Cuánta agua bebió el poni?

_____

Repaso en espiral (3.OA.8, 3.NF.3d, 3.MD.1, 3.MD.2)

3. Josiah tiene 3 paquetes de animales de juguete. Cada paquete tiene la misma cantidad de animales. Josiah le da 6 animales a su hermana Stephanie y le quedan 9 animales. ¿Cuántos animales había en cada paquete?

_____

4. Tom corrió $\frac{3}{10}$ milla, Betsy corrió $\frac{5}{10}$ milla y Sue corrió $\frac{2}{10}$ milla. ¿Quién corrió una distancia mayor que $\frac{4}{10}$ milla?

_____

5. Bob comenzó a cortar el césped a las 9:55 a. m. Tardó 25 minutos en cortar el césped del jardín del frente y 45 minutos en cortar el del jardín trasero. ¿A qué hora terminó Bob de cortar el césped?

_____

6. Juliana quiere hallar la masa de una sandía. ¿Qué unidad debería usar?

_____

Carta para la casa

Querida familia:

Durante las próximas semanas, en la clase de matemáticas aprenderemos sobre el perímetro y el área de las figuras.

El estudiante llevará a casa tareas para practicar cómo medir y hallar el perímetro, además de contar cuadrados o usar la suma o la multiplicación para hallar el área.

Este es un ejemplo de cómo se le enseñará a hallar el perímetro.

Vocabulario

área La medición de los cuadrados de una unidad necesarios para cubrir una superficie plana.

cuadrado de una unidad Un cuadrado con una longitud del lado de 1 unidad y que se usa para medir el área.

perímetro La distancia del contorno de una figura.

🔑 MODELO Halla el perímetro.

Estas son dos maneras de hallar el perímetro.

Cuenta unidades.

Cuenta cada unidad alrededor de la figura para hallar el perímetro de la figura.

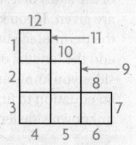

El perímetro es la distancia del contorno de una figura.

Entonces, el perímetro es igual a 12 unidades.

Usa la suma.

Halla el perímetro del rectángulo.

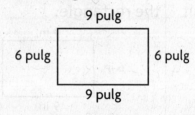

Perímetro = longitud + ancho + longitud + ancho

Suma:
$9 + 6 + 9 + 6 = 30$ pulgadas

Entonces, el perímetro es igual a 30 pulgadas.

> **Pistas**
>
> **Hallar la longitud desconocida de los lados**
>
> A veces no se da la longitud de los lados de una figura. Si conoces el perímetro, puedes sumar la longitud de los lados que conoces y usar una ecuación para hallar la longitud desconocida del lado.

Actividad

Pida a su hijo que practique cómo hallar el perímetro y el área de algunos objetos de la casa. Hallen y midan los lados de objetos que tengan formas planas, como un sobre, un individual para la mesa, una agarradera de ollas cuadrada, un banderín o un tapete.

Chapter 11

School-Home Letter

Vocabulary

area The measure of unit squares needed to cover a flat surface.

unit square A square with a side length of 1 unit that is used to measure area.

perimeter The distance around a shape.

Dear Family,

During the next few weeks, our math class will be learning about perimeter and area of shapes.

You can expect to see homework that provides practice with measuring and finding perimeter, and finding area by counting squares, using addition, or using multiplication.

Here is a sample of how your child will be taught to find perimeter.

🔑 MODEL Find Perimeter

These are two ways to find perimeter.

Count units.

Find the perimeter of the shape by counting each unit around the shape.

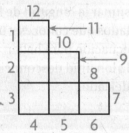

Perimeter is the distance around a shape.

So, the perimeter is 12 units.

Use addition.

Find the perimeter of the rectangle.

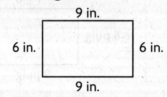

Perimeter = length + width + length + width

Add: 9 + 6 + 9 + 6 = 30 inches

So, the perimeter is 30 inches.

 Tips

Finding Unknown Side Lengths

Sometimes not all lengths of the sides of a shape are given. If you know the perimeter, you can add the lengths of the sides you know and use an equation to find the unknown side length.

Activity

Have your child practice finding the perimeter and area of items around the house. Find and measure the sides of items that have plane shapes, such as an envelope, a place mat, a square potholder, a pennant, or a rug.

Representar el perímetro

ESTÁNDAR COMÚN 3.MD.8
Geometric measurement: recognize perimeter as an attribute of plane figures and distinguish between linear and area measures.

Halla el perímetro de la figura. Cada unidad es 1 centímetro.

1.

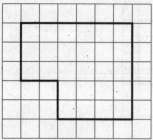

_____22_____ centímetros

2.

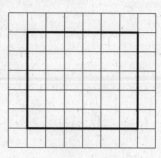

_____ centímetros

3.

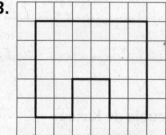

_____ centímetros

4.

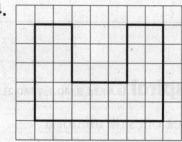

_____ centímetros

Resolución de problemas

**Usa los dibujos para resolver los problemas 5 y 6.
Cada unidad es 1 centímetro.**

5. ¿Cuál es el perímetro de la figura
de Patrick?

_____

6. ¿Cuánto mayor es el perímetro de la figura
de Jillian que el perímetro de la figura de
Patrick?

_____

Figura de Patrick

Figura de Jillian

Revisión de la lección (3.MD.8)

1. Halla el perímetro de la figura. Cada unidad es 1 centímetro.

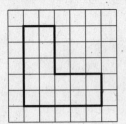

_____

2. Halla el perímetro de la figura. Cada unidad es 1 centímetro.

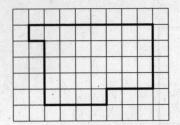

_____

Repaso en espiral (3.NF.3d, 3.MD.1, 3.MD.2)

3. Ordena las fracciones de menor a mayor.

$$\frac{2}{4}, \frac{2}{3}, \frac{2}{6}$$

_____

4. Las clases en la escuela de Kasey comienzan a la hora que se muestra en el reloj. ¿A qué hora comienzan las clases en la escuela de Kasey?

_____

5. Compara. Escribe <, > ó =.

$$\frac{4}{8} \bigcirc \frac{3}{8}$$

6. Aiden quiere hallar la masa de una bola para jugar a los bolos. ¿Qué unidad debe usar?

_____

Nombre _____

Hallar el perímetro

ESTÁNDAR COMÚN 3.MD.8
Geometric measurement: recognize perimeter as an attribute of plane figures and distinguish between linear and area measures.

Usa una regla para hallar el perímetro.

1.

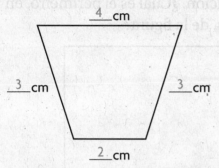

4 cm
3 cm   3 cm
2 cm

12 centímetros

2.

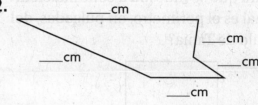

____ cm
____ cm
____ cm
____ cm
____ cm

_____ centímetros

3.

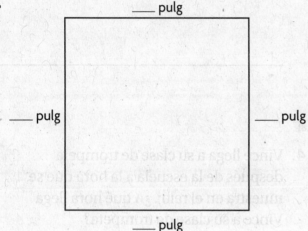

____ pulg
____ pulg   ____ pulg
____ pulg

_____ pulgadas

4.

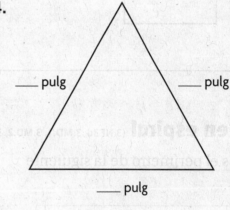

____ pulg   ____ pulg
____ pulg

_____ pulgadas

Resolución de problemas

Haz un dibujo para resolver los problemas 5 y 6.

5. Evan tiene un adhesivo cuadrado que mide 5 pulgadas de cada lado. ¿Cuál es el perímetro del adhesivo?

_____

6. Sophie dibuja una figura que tiene 6 lados. Cada lado mide 3 centímetros. ¿Cuál es el perímetro de la figura?

_____

Revisión de la lección (3.MD.8)

Usa una regla en pulgadas para resolver los problemas 1 y 2.

1. Tania cortó un rótulo del tamaño de la figura que se muestra a continuación. ¿Cuál es el perímetro, en pulgadas, del rótulo de Tania?

_____

2. Julie dibujó la figura que se muestra a continuación. ¿Cuál es el perímetro, en pulgadas, de la figura?

_____

Repaso en espiral (3.NF.3d, 3.MD.1, 3.MD.2, 3.MD.8)

3. ¿Cuál es el perímetro de la siguiente figura?

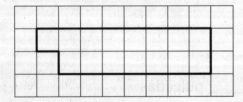

_____

4. Vince llega a su clase de trompeta después de la escuela a la hora que se muestra en el reloj. ¿A qué hora llega Vince a su clase de trompeta?

5. La pecera pequeña de Matthew contiene 12 litros. Su pecera grande contiene 25 litros. ¿Cuántos litros más contiene la pecera grande?

_____

6. Compara. Escribe, $<$, $>$ ó $=$.

$$\frac{1}{6} \bigcirc \frac{1}{4}$$

Álgebra • Hallar longitudes de lado desconocidas

ESTÁNDAR COMÚN—3.MD.8
Geometric measurement: recognize perimeter as an attribute of plane figures and distinguish between linear and area measures.

Halla la longitud desconocida de los lados.

1. Perímetro = 33 centímetros

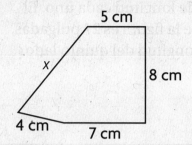

5 cm

x

8 cm

4 cm

7 cm

$$5 + 8 + 7 + 4 + x = 33$$
$$24 + x = 33$$
$$x = 9$$

$x =$ ___**9**___ centímetros

2. Perímetro = 14 pies

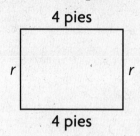

4 pies

r   r

4 pies

$r =$ _____ pies

3. Perímetro = 37 metros

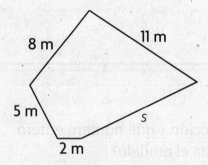

8 m   11 m

5 m   s

2 m

$s =$ _____ metros

4. Perímetro = 92 pulgadas

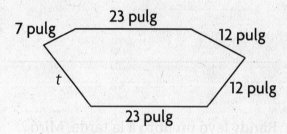

23 pulg

7 pulg   12 pulg

t   12 pulg

23 pulg

$t =$ _____ pulgadas

Resolución de problemas

5. Steven tiene un tapete rectangular con un perímetro de 16 pies. El ancho del tapete es 5 pies. ¿Cuál es la longitud del tapete?

6. Kerstin tiene una ficha cuadrada. El perímetro de la ficha es 32 pulgadas. ¿Cuál es la longitud de cada lado de la ficha?

_____

_____

Revisión de la lección (3.MD.8)

1. Jesse coloca una cinta alrededor de un marco cuadrado. Usa 24 pulgadas de cinta. ¿Qué longitud tiene cada lado del marco?

_____

2. Davia dibuja una figura con 5 lados. Dos lados miden 5 pulgadas de longitud cada uno. Otros dos lados miden 4 pulgadas de longitud cada uno. El perímetro de la figura es 27 pulgadas. ¿Cuál es la longitud del quinto lado?

_____

Repaso en espiral (3.OA.1, 3.OA.8, 3.NF.3c, 3.MD.1)

3. ¿Cuál de las siguientes opciones representa 7 + 7 + 7 + 7?

_____

4. Bob compró 3 paquetes de carros de juguete. Le dio 4 carros a Ann. A Bob le quedan 11 carros. ¿Cuántos carros de juguete había en cada paquete?

_____

5. Randy leyó un libro a la tarde. Miró su reloj cuando comenzó y cuando terminó de leer. ¿Cuánto tiempo leyó Randy?

Comienzo   **Fin**

_____

6. ¿Qué fracción y qué número entero representa el modelo?

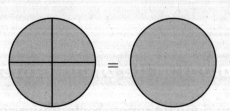

_____ = _____

Comprender el área

ESTÁNDAR COMÚN 3.MD.5, 3.MD.5a
Geometric measurement: understand concepts of area and relate area to multiplication and to addition.

Cuenta para hallar el área de la figura.

1.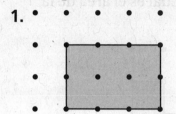

Área = __6__ unidades
cuadradas

2.

Área = _____ unidades
cuadradas

3.

Área = _____ unidades
cuadradas

4.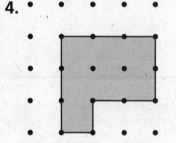

Área = _____ unidades
cuadradas

5.

Área = _____ unidades
cuadradas

6.

Área = _____ unidades
cuadradas

Escribe *área* o *perímetro* para cada situación.

7. alfombrar un piso

8. cercar un jardín

_____

_____

 Resolución de problemas En el mundo

Usa el diagrama para resolver los problemas 9 y 10.

9. Roberto construye una plataforma para su ferrocarril de juguete. ¿Cuál es el área de la plataforma?

_____

10. Roberto colocará una cerca alrededor de los bordes de la plataforma. ¿Qué cantidad de cerca necesitará?

_____

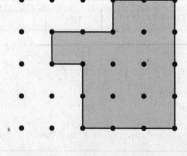

Revisión de la lección (3.MD.5, 3.MD.5a)

1. Josh usó elásticos para hacer la siguiente figura en su geotabla.
¿Cuál es el área de la figura?

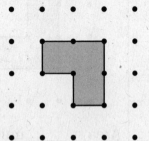

_____

2. Wilma dibujó la siguiente figura en papel punteado. ¿Cuál es el área de la figura que dibujó?

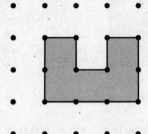

_____

Repaso en espiral (3.OA.7, 3.NF.1, 3.MD.1, 3.MD.2)

3. Leonardo sabe que faltan 42 días para las vacaciones de verano. ¿Cuántas semanas faltan para las vacaciones de verano de Leonardo? (Pista: En una semana hay 7 días).

_____

4. Nan corta un sándwich italiano en 4 partes iguales y come una. ¿Qué fracción representa la parte que comió Nan?

_____

5. Wanda está desayunando 15 minutos antes de las 8. ¿Qué hora es entonces? Usa a. m. o p. m.

_____

6. Dick tiene 2 bolsas de comida para perros. Cada bolsa contiene 5 kilogramos de comida. ¿Cuántos kilogramos de comida tiene Dick en total?

_____

Nombre _____

Medir el área

ESTÁNDAR COMÚN 3.MD.5b, 3.MD.6
Geometric measurement: understand concepts of area and relate area to multiplication and to addition.

Cuenta para hallar el área de la figura. Cada cuadrado de una unidad es 1 centímetro cuadrado.

1.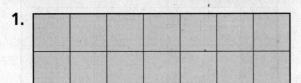

Área = ___14___ centímetros cuadrados

2.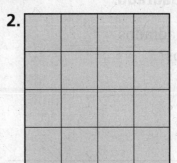

Área = _____ centímetros cuadrados

3.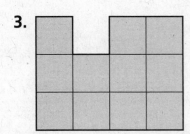

Área = _____ centímetros cuadrados

4.

Área = _____ centímetros cuadrados

Resolución de problemas

Alan pinta de gris la terraza. Usa el diagrama de la derecha para resolver los problemas 5 y 6. Cada cuadrado de una unidad es 1 metro cuadrado.

5. ¿Cuál es el área de la terraza que Alan ya ha pintado de gris?

_____

6. ¿Cuál es el área de la terraza que le falta pintar a Alan?

_____

Terraza de Alan

Revisión de la lección (3.MD.5b, 3.MD.6)

Cada cuadrado de una unidad del diagrama es 1 pie cuadrado.

1. ¿Cuántos pies cuadrados están sombreados?

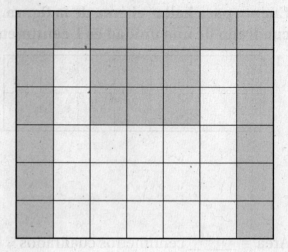

_____

2. ¿Cuál es el área que NO ha sido sombreada?

_____

Repaso en espiral (3.OA.3, 3.NF.1, 3.NF.3b, 3.MD.2)

3. Sonya compró 6 paquetes de bollos. Hay 6 bollos en cada paquete. ¿Cuántos bollos compró Sonya?

_____

4. Charlie mezcló 6 litros de jugo con 2 litros de soda para hacer refresco de frutas. ¿Cuántos litros de refresco de frutas hizo Charlie?

5. ¿Qué fracción del círculo está sombreada?

_____

6. Usa el modelo de la derecha para indicar una fracción equivalente a $\frac{1}{2}$.

Nombre _____

Usar modelos de área

ESTÁNDAR COMÚN 3.MD.7, 3.MD.7a
Represent and solve problems involving multiplication and division.

Halla el área de cada figura. Cada cuadrado de una unidad es 1 pie cuadrado.

1.

2.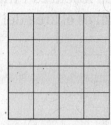

Hay 3 hileras de 8 cuadrados de una unidad.

$3 \times 8 = 24$

_____   _____

Halla el área de cada figura. Cada cuadrado de una unidad es 1 metro cuadrado.

3.    **4.** 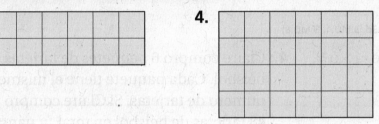   **5.**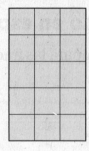

_____   _____   _____

Resolución de problemas

6. Landon hizo un tapete para el corredor. Cada cuadrado de una unidad es 1 pie cuadrado. ¿Cuál es el área del tapete?

7. Eva hizo una guarda para la parte superior de un marco. Cada cuadrado de una unidad es 1 pulgada cuadrada. ¿Cuál es el área de la guarda?

_____   _____

Revisión de la lección (3.MD.7, 3.MD.7a)

1. La entrada de una oficina tiene piso de losetas. Cada loseta es 1 metro cuadrado. ¿Cuál es el área del piso?

_____

2. La Sra. Burns compró un nuevo tapete. Cada cuadrado de una unidad es 1 pie cuadrado. ¿Cuál es el área del tapete?

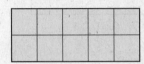

_____

Repaso en espiral (3.OA.4, 3.NF.3d, 3.MD.1, 3.MD.8)

3. Compara las fracciones. Escribe <, > ó =.

$$\frac{1}{3} \bigcirc \frac{2}{3}$$

4. Claire compró 6 paquetes de tarjetas de béisbol. Cada paquete tiene el mismo número de tarjetas. Si Claire compró 48 tarjetas de béisbol en total, ¿cuántas tarjetas hay en cada paquete?

_____

5. Austin salió hacia la escuela a las 7:35 a.m. Llegó a la escuela 15 minutos después. ¿A qué hora llegó Austin a la escuela?

_____

6. La recámara de Wyatt es un rectángulo con un perímetro de 40 pies. El ancho de la recámara es 8 pies. ¿Cuál es la longitud de la recámara?

_____

Nombre _____

Resolución de problemas • El área de un rectángulo

ESTÁNDAR COMÚN   3.MD.7b
Geometric measurement: understand concepts of area and relate area to multiplication and to addition.

Usa la información para resolver los ejercicios 1 a 3.

Un artista hizo murales rectangulares de diferentes tamaños. A continuación se muestran los tamaños. Cada cuadrado de una unidad es 1 metro cuadrado.

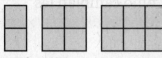 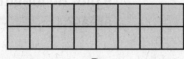

A   B   C   D

1. Completa la tabla para hallar el área de cada mural.

Mural	Longitud (en metros)	Ancho (en metros)	Área (en metros cuadrados)
A	2	1	2
B	2	2	4
C	2		
D	2		

2. Halla y describe un patrón de cómo cambian la longitud y el ancho de los murales A hasta D.

_____

_____

_____

3. ¿Cómo cambia el área de los murales cuando cambia el ancho?

_____

_____

4. Daniel construyó una terraza de 5 pies de longitud y 5 pies de ancho. Construyó otra de 5 pies de longitud y 7 pies de ancho. También construyó una tercera de 5 pies de longitud y 9 pies de ancho. ¿Cómo cambian las áreas?

_____

_____

© Houghton Mifflin Harcourt Publishing Company

Revisión de la lección (3.MD.7b)

1. Lauren dibujó los siguientes diseños. Cada cuadrado de una unidad es 1 centímetro cuadrado. Si el patrón continúa, ¿cuál será el área de la cuarta figura?

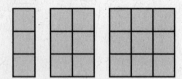

_____

_____

2. Henry construyó un jardín que mide 3 pies de ancho y 3 pies de longitud. También construyó un jardín que mide 3 pies de ancho y 6 pies de longitud, y otro jardín que mide 3 pies de ancho y 9 pies de longitud. ¿Cómo cambian las áreas?

_____

_____

Repaso en espiral (3.OA.3, 3.NBT.3, 3.NF.1, 3.MD.5b, 3.MD.6)

3. Joe, Jim y Jack se reparten 27 tarjetas de fútbol americano en partes iguales. ¿Cuántas tarjetas recibe cada niño?

_____

4. Nita usa $\frac{1}{3}$ de un cartón de 12 huevos. ¿Cuántos huevos usa?

_____

5. Brenda hizo 8 collares. Cada collar tiene 10 cuentas grandes. ¿Cuántas cuentas grandes usó Brenda para hacer los collares?

_____

6. Neal coloca losetas en el piso de la cocina. Cada loseta mide 1 pie cuadrado. Neal coloca 6 hileras con 9 losetas en cada una. ¿Cuál es el área del piso?

_____

El área de rectángulos combinados

 ESTÁNDARES COMUNES   3.MD.7c, 3.MD.7d
*Geometric measurement: understand concepts
of area and relate area to multiplication and to
addition.*

**Usa la propiedad distributiva para hallar el área.
Muestra tus ecuaciones de multiplicación y de suma.**

1.

$4 \times 2 = 8; 4 \times 5 = 20$

$8 + 20 = 28$

___28___ unidades cuadradas

2.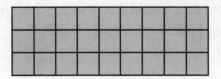

_____

_____

_____ unidades cuadradas

**Dibuja una línea para separar la figura en
rectángulos. Halla el área de la figura.**

3.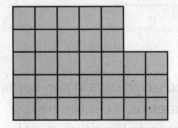

Rectángulo 1: _____ × _____ = _____

Rectángulo 2: _____ × _____ = _____

_____ + _____ = _____ unidades
cuadradas

4.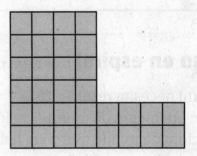

Rectángulo 1: _____ × _____ = _____

Rectángulo 2: _____ × _____ = _____

_____ + _____ = _____ unidades
cuadradas

Resolución de problemas

A la derecha se muestra el diagrama de
la recámara de Frank. Cada cuadrado de
una unidad es 1 pie cuadrado.

5. Dibuja una línea para dividir la figura de
la recámara de Frank en rectángulos.

6. ¿Cuál es el área total de la recámara
de Frank?

_____ pies cuadrados

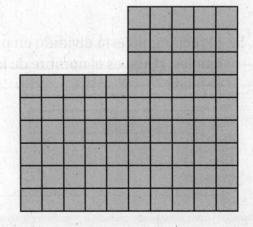

Revisión de la lección (3.MD.7c, 3.MD.7d)

1. En el diagrama se muestra el patio trasero de Ben. Cada cuadrado de una unidad es 1 yarda cuadrada. ¿Cuál es el área del patio trasero de Ben?

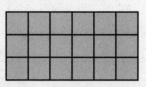

_____

2. En el diagrama se muestra una sala de una galería de arte. Cada cuadrado de una unidad es 1 metro cuadrado. ¿Cuál es el área de la sala?

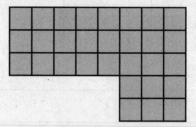

_____

Repaso en espiral (3.OA.6, 3.NF.1, 3.MD.4, 3.MD.8)

3. Naomi necesita resolver $28 \div 7 = \blacksquare$. ¿Qué operación de multiplicación relacionada puede usar para hallar el número desconocido?

_____

_____

4. Karen trazó un triángulo con lados de 3 centímetros, 4 centímetros y 5 centímetros de longitud. ¿Cuál es el perímetro del triángulo?

_____

_____

5. El rectángulo está dividido en partes iguales. ¿Cuál es el nombre de las partes iguales?

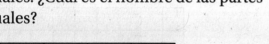

_____

6. Usa una regla en pulgadas. A la media pulgada más próxima, ¿qué longitud tiene este segmento?

_____

Nombre _____

El mismo perímetro, áreas diferentes

ESTÁNDAR COMÚN   3.MD.8
Geometric measurement: recognize perimeter as an attribute of plane figures and distinguish between linear and area measures.

Halla el perímetro y el área. Indica qué rectángulo tiene un área mayor.

1.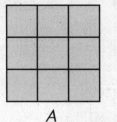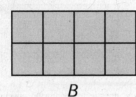

A

B

2.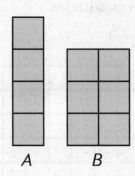

A   *B*

A: Perímetro = __12 unidades__ ;

Área = __9 unidades cuadradas__

B: Perímetro = _____ ;

Área = _____

A: Perímetro = _____ ;

Área = _____

B: Perímetro = _____ ;

Área = _____

El rectángulo _____ tiene un área mayor.

El rectángulo _____ tiene un área mayor.

Resolución de problemas

3. Las recámaras de Sara y Julia tienen forma de rectángulo. La recámara de Sara mide 9 pies de longitud y 8 pies de ancho. La recámara de Julia mide 7 pies de longitud y 10 pies de ancho. ¿La recámara de quién tiene el área mayor? **Explícalo.**

_____

_____

_____

4. El Sr. Sánchez tiene 16 pies de material para cercos para colocar alrededor de un jardín rectangular. Quiere que el jardín tenga la mayor área posible. ¿Qué longitud deben tener los lados del jardín?

_____

_____

_____

Revisión de la lección (3.MD.8)

1. Dibuja un rectángulo que tenga un perímetro de 12 unidades y un área de 8 unidades cuadradas.

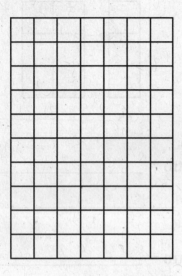

2. Halla el perímetro y el área. Di qué rectángulo tiene el área mayor.

A

B

A: Perímetro = _____ unidades

Área = _____ unidades cuadradas

B: Perímetro = _____ unidades

Área = _____ unidades cuadradas

El rectángulo _____ tiene el área mayor.

Repaso en espiral (3.MD.7, 3.MD.7a, 3.MD.8)

3. Kerrie cubre una mesa con 8 hileras de fichas cuadradas. Hay 7 fichas en cada hilera. ¿Cuál es el área que cubre Kerrie en unidades cuadradas?

4. Von tiene un taller rectangular con un perímetro de 26 pies. La longitud del taller es 6 pies. ¿Cuál es el ancho del taller de Von?

Nombre _____

La misma área, perímetros diferentes

ESTÁNDAR COMÚN   3.MD.8
Geometric measurement: recognize perimeter as an attribute of plane figures and distinguish between linear and area measures.

Halla el perímetro y el área. Indica qué rectángulo tiene un perímetro mayor.

1.

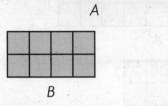

A

B

A: Área = __8 unidades cuadradas__ ;

Perímetro = __18 unidades__

B: Área = _____ ;

Perímetro = _____

El rectángulo _____ tiene un perímetro mayor.

2.

A   B

A: Área = _____ ;

Perímetro = _____

B: Área = _____ ;

Perímetro = _____

El rectángulo _____ tiene un perímetro mayor.

3.

A   B

A: Área = _____ ;

Perímetro = _____

B: Área = _____ ;

Perímetro = _____

El rectángulo _____ tiene un perímetro mayor.

Resolución de problemas En el mundo

Usa los diseños con fichas para resolver los ejercicios 4 y 5.

4. Compara las áreas del Diseño A y el Diseño B.

_____

_____

5. Compara los perímetros. ¿Qué diseño tiene el perímetro mayor?

_____

Diseños con fichas de Beth

A

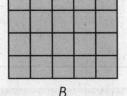

B

Revisión de la lección (3.MD.8)

1. Jake dibujó dos rectángulos. ¿Qué rectángulo tiene el mayor perímetro?

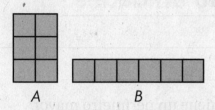

2. Alyssa dibujó dos rectángulos. ¿Qué rectángulo tiene el mayor perímetro?

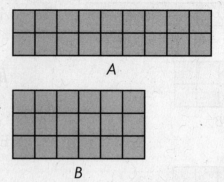

_____

_____

Repaso en espiral (3.OA.8, 3.NF.2a, 3.NF.2b, 3.NF.3d)

3. A Marsha le pidieron que hallara el valor de $8 - 3 \times 2$. Escribió una respuesta incorrecta. ¿Cuál es la respuesta correcta?

4. ¿Qué fracción indica el punto en la recta numérica?

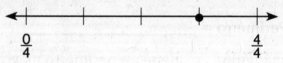

_____

_____

5. Kyle dibujó tres segmentos con estas longitudes: $\frac{2}{4}$ de pulgada, $\frac{2}{3}$ de pulgada y $\frac{2}{6}$ de pulgada. Ordena las fracciones de menor a mayor.

6. El lunes cayeron $\frac{3}{8}$ de pulgada de nieve. El martes cayeron $\frac{5}{8}$ de pulgada de nieve. Escribe un enunciado que compare correctamente las cantidades de nieve.

_____

_____

Carta para la casa

Querida familia:

Durante las próximas semanas, en la clase de matemáticas aprenderemos sobre figuras planas. Aprenderemos a identificar polígonos y a describirlos según sus lados y ángulos.

El estudiante llevará a casa tareas para practicar con figuras.

Este es un ejemplo de cómo se le enseñará a clasificar cuadriláteros.

Vocabulario

ángulo Una figura formada por dos semirrectas que comparten un extremo.

cuadrilátero Un polígono con cuatro lados y cuatro ángulos.

figura cerrada Una figura que comienza y termina en el mismo punto.

polígono Una figura plana cerrada formada por segmentos que se tocan solamente en sus extremos.

🔑 MODELO Clasifica cuadriláteros.

Usa los lados y los ángulos para nombrar este cuadrilátero.

PASO 1 Hay 2 ángulos rectos.

PASO 2 Hay exactamente 1 par de lados opuestos que son paralelos.

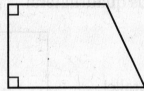

Entonces, el cuadrilátero es un trapecio.

Pistas

Comprobar ángulos

Puedes usar la esquina de una hoja o de una tarjeta para comprobar si un ángulo de un polígono es *recto, menor que un ángulo recto o mayor que un ángulo recto*.

Actividad

Señalen objetos cotidianos que parezcan figuras planas, como libros, fotografías, ventanas y señales de tráfico. Pida a su niño que identifique la figura y que la describa según sus lados y ángulos.

Chapter 12 School-Home Letter

Dear Family,

During the next few weeks, our math class will be learning about plane shapes. We will learn to identify polygons and describe them by their sides and angles.

You can expect to see homework that provides practice with shapes.

Here is a sample of how your child will be taught to classify quadrilaterals.

Vocabulary

angle A shape formed by two rays that share an endpoint.

quadrilateral A shape that begins and ends at the same point.

closed shape A closed plane shape made up of straight line segments.

polygon A polygon with four sides and four angles.

🔑 MODEL Classify Quadrilaterals

Use sides and angles to name this quadrilateral.

STEP 1 There are 2 right angles.

STEP 2 There is exactly 1 pair of opposite sides that are parallel.

So, the quadrilateral is a trapezoid.

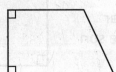

Tips

Checking Angles

The corner of a sheet of paper or an index card can be used to check whether an angle in a polygon is *right, less than a right angle, or greater than a right angle.*

Activity

Point out everyday objects that resemble plane shapes, such as books, photos, windows, and traffic signs. Have your child identify the shape and describe it by its sides and angles.

© Houghton Mifflin Harcourt Publishing Company

Nombre _____

Describir figuras planas

ESTÁNDAR COMÚN 3.G.1
Reason with shapes and their attributes.

Indica cuántos segmentos tiene la figura.

1.

____4____ segmentos

2.

_____ segmentos

3.

_____ segmentos

4.

_____ segmentos

Indica si la figura es *abierta* o *cerrada*.

5.

_____

6.

_____

Resolución de problemas *En el mundo*

7. Carl quiere dibujar una figura cerrada. Muestra y explica cómo hacer que el dibujo se convierta en una figura cerrada.

_____

_____

8. Abajo se muestra una figura del estanque para peces de un parque. ¿La figura es abierta o cerrada?

_____

_____

Revisión de la lección (3.G.1)

1. ¿Cuántos segmentos tiene esta figura?

_____

2. ¿Qué es parte de una línea, tiene un extremo y continúa en una dirección?

_____

Repaso en espiral (3.OA.3, 3.OA.7, 3.NF.3a)

3. ¿Qué enunciado de multiplicación muestra la matriz?

_____

_____

4. ¿Cuál es el factor desconocido y el cociente?

$$9 \times \blacksquare = 27$$

$$27 \div 9 = \blacksquare$$

_____

_____

5. ¿Qué fracción es equivalente a $\frac{4}{8}$?

_____

_____

6. El maestro MacTavish irá de excursión al zoológico con 30 estudiantes de su clase. Para eso forma grupos de 6 estudiantes. ¿Cuántos grupos de estudiantes de la clase del maestro MacTavish irán al zoológico?

_____

_____

Nombre _____

Describir los ángulos de figuras planas

ESTÁNDAR COMÚN 3.G.1
Reason with shapes and their attributes.

Con la ayuda de la esquina de una hoja de papel, indica si el ángulo es un *ángulo recto, menor que un ángulo recto o mayor que un ángulo recto.*

1.

menor que un
ángulo recto

2.

_____

3.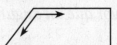

_____

Indica qué cantidad de cada tipo de ángulo tiene la figura.

4.

5.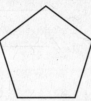

6.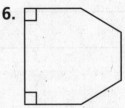

_____ ángulos rectos

_____ menores que
un ángulo recto

_____ mayores que
un ángulo recto

_____ ángulos rectos

_____ menores que
un ángulo recto

_____ mayores que
un ángulo recto

_____ ángulos rectos

_____ menores que
un ángulo recto

_____ mayores que
un ángulo recto

Resolución de problemas

7. Jeff tiene un papel de dibujo cuadrado. Lo corta transversalmente de una esquina a la esquina opuesta para hacer dos partes. ¿Cuál es el número total de lados y de ángulos de las dos figuras nuevas juntas?

8. Katy le dice a Aimé que una señal de alto tiene al menos un ángulo recto. Aimé dice que no hay ángulos rectos. ¿Quién tiene razón? Explícalo.

_____

_____

_____

_____

_____

_____

Revisión de la lección (3.G.1)

1. ¿Qué describe este ángulo? Escbribe *ángulo recto, menor que un ángulo recto* o *mayor que un ángulo recto.*

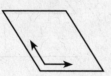

_____

_____

2. ¿Cuántos ángulos rectos tiene esta figura?

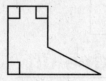

_____

_____

Repaso en espiral (3.NF.1, 3.NF.3d, 3.G.1)

3. ¿Qué fracción del grupo está sombreada?

_____

4. Compara.

$\frac{4}{8}$ ◯ $\frac{3}{8}$

5. ¿Qué es recto, continúa en ambas direcciones y no tiene fin?

_____

6. ¿Cuántos segmentos tiene esta figura?

_____

Nombre _____

Identificar polígonos

ESTÁNDAR COMÚN **3.G.1**
Reason with shapes and their attributes.

¿Es la figura un polígono? Escribe *sí* o *no*.

1.

no
_____

2.

_____

3.

_____

4.

_____

Escribe el número de lados y el número de ángulos.
Luego escribe el nombre del polígono.

5.

_____ lados

_____ ángulos

_____

6.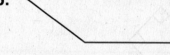

_____ lados

_____ ángulos

_____

Resolución de problemas

7. El Sr. Murphy tiene una moneda antigua de diez lados. Si su figura es un polígono, ¿cuántos ángulos tiene la moneda antigua?

_____

8. Lin dice que un octágono tiene seis lados. Chris dice que tiene ocho lados. ¿Cuál de los enunciados es el correcto?

_____

Revisión de la lección (3.G.1)

1. ¿Cuál es el nombre de este polígono?

_____

2. ¿Cuántos lados tiene este polígono?

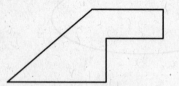

_____

Repaso en espiral (3.NF.1, 3.G.1)

3. ¿Cuántos ángulos rectos tiene esta figura?

_____

4. Érica tiene 8 collares. Un cuarto de los collares son azules. ¿Cuántos collares son azules?

_____

5. ¿Qué es recto, es parte de una línea y tiene 2 extremos?

_____
_____

6. ¿Qué describe este ángulo? Escribe *ángulo recto, menor que un ángulo recto* o *mayor que un ángulo recto.*

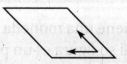

_____
_____

Describir los lados de los polígonos

ESTÁNDAR COMÚN 3.G.1
Reason with shapes and their attributes.

Observa los lados discontinuos del polígono. Indica si son *secantes*, *perpendiculares* o *paralelos*. Escribe todas las palabras que describen los lados.

1.

paralelos
_____

2.

_____

3.

_____

4.

_____

5.

_____

6.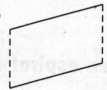

_____

7.

_____

8.

_____

9.

_____

Resolución de problemas

Usa las figuras *A* a *D* para resolver los problemas 10 y 11.

10. ¿Qué figuras tienen lados paralelos?

_____

11. ¿Qué figuras tienen lados perpendiculares?

_____

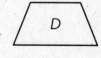

Revisión de la lección (3.G.1)

1. ¿Cuántos pares de lados paralelos tiene el cuadrilátero?

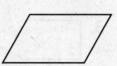

_____

2. ¿Qué lados son paralelos?

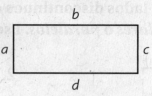

_____

Repaso en espiral (3.NF.1, 3.G.1)

3. El maestro Lance diseñó un cartel para la clase con la forma del polígono que se muestra abajo. ¿Cuál es el nombre del polígono?

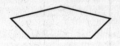

_____

4. ¿Cuántos ángulos mayores que un ángulo recto tiene la figura?

_____

5. ¿Cuántos segmentos tiene esta figura?

_____

6. ¿Qué fracción indica la parte sombreada?

_____

Nombre _____

Clasificar cuadriláteros

ESTÁNDAR COMÚN 3.G.1
Reason with shapes and their attributes.

Encierra en un círculo todas las palabras que describen el cuadrilátero.

1.

(cuadrado)

(rectángulo)

(rombo)

trapecio

2.

cuadrado

rectángulo

rombo

trapecio

3.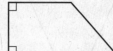

cuadrado

rectángulo

rombo

trapecio

Usa los siguientes cuadriláteros para resolver los ejercicios 4 a 6.

4. ¿Qué cuadriláteros no tienen ángulos rectos?

_____

5. ¿Qué cuadriláteros tienen 4 ángulos rectos?

_____

6. ¿Qué cuadriláteros tienen 4 lados de igual longitud?

_____

Resolución de problemas

7. Un dibujo en la pared del salón de clases de Jeremy tiene 4 ángulos rectos, 4 lados de igual longitud y 2 pares de lados opuestos que son paralelos. ¿Qué cuadrilátero describe mejor el dibujo?

_____

8. Sofía tiene un plato que tiene 4 lados de igual longitud y 2 pares de lados opuestos que son paralelos, y no tiene ángulos rectos. ¿Qué cuadrilátero describe mejor el plato?

_____

Revisión de la lección (3.G.1)

1. ¿Qué palabra describe el cuadrilátero?

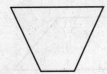

_____

2. ¿Qué cuadriláteros tienen 2 pares de lados opuestos que son paralelos?

_____

Repaso en espiral (3.G.1)

3. Aiden dibujó el polígono que se muestra abajo. ¿Cuál es el nombre del polígono que dibujó?

_____

4. ¿Cuántos pares de lados paralelos tiene esta figura?

_____

5. ¿Qué palabra describe los lados discontinuos de la figura que se muestra abajo?

_____

6. ¿Cuántos ángulos rectos tiene esta figura?

_____

Nombre _____

Trazar cuadriláteros

ESTÁNDAR COMÚN **3.G.1**
Reason with shapes and their attributes.

**Traza el cuadrilátero descrito. Escribe
el nombre del cuadrilátero que trazaste.**

1. 4 lados de igual longitud

_____ cuadrado _____

2. 1 par de lados opuestos que
son paralelos

_____

**Traza un cuadrilátero que no pertenezca al grupo.
Luego explica por qué no pertenece.**

3.

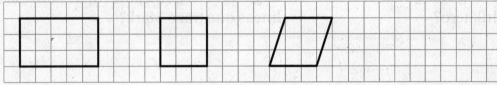

_____

_____

_____

4. Layla trazó un cuadrilátero con 4 ángulos
rectos y 2 pares de lados opuestos
paralelos. Indica el cuadrilátero que
pudo haber trazado.

_____

5. Víctor trazó un cuadrilátero sin ángulos
rectos y con 4 lados de igual longitud.
¿Qué cuadrilátero pudo haber trazado?

_____

© Houghton Mifflin Harcourt Publishing Company

Revisión de la lección (3.G.1)

1. Chloe trazó un cuadrilátero con 2 pares de lados opuestos paralelos. Nombra una figura que pueda ser el cuadrilátero de Chloe.

_____

_____

_____

2. Mike trazó un cuadrilátero con cuatro ángulos rectos. ¿Qué figura pudo haber trazado?

_____

_____

_____

Repaso en espiral (3.MD.7, 3.MD.8, 3.G.1)

3. Un cuadrilátero tiene 4 ángulos rectos y 4 lados de igual longitud. ¿Cuál es el nombre del cuadrilátero?

_____

4. Mark trazó dos líneas que forman un ángulo recto. ¿Qué palabra describe las líneas que trazó Mark?

_____

5. Dennis trazó un rectángulo en papel cuadriculado. ¿Cuál es el perímetro del rectángulo que trazó Dennis?

_____

6. Jill trazó un rectángulo en papel cuadriculado. ¿Cuál es el área del rectángulo que trazó Jill?

_____

Nombre _____

Describir triángulos

ESTÁNDAR COMÚN 3.G.1
Reason with shapes and their attributes.

**Usa los triángulos para resolver los ejercicios 1 a 3.
Escribe *A*, *B* o *C*. Luego completa las oraciones.**

1. El triángulo ___**B**___ tiene 3 ángulos menores que un

   ángulo recto y tiene ___**3**___ lados de igual longitud.

2. El triángulo _____ tiene 1 ángulo recto y tiene

   _____ lados de igual longitud.

3. El triángulo _____ tiene 1 ángulo mayor que un

   ángulo recto y tiene _____ lados de igual longitud.

4. Kyle, Kathy y Kelly trazaron un triángulo cada
   uno. ¿Quién trazó el triángulo que tiene 1
   ángulo mayor que un ángulo recto y no tiene
   lados de igual longitud?

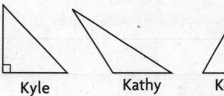

Kyle   Kathy   Kelly

_____

Resolución de problemas

5. Matthew dibujó la parte posterior de
   su tienda de campaña. ¿Cuántos lados
   tienen igual longitud?

6. Susan hizo el marco triangular que se
   muestra abajo. ¿Cuántos ángulos son
   mayores que un ángulo recto?

_____   _____

Revisión de la lección (3.G.1)

1. ¿Cuántos ángulos menores que un ángulo recto tiene este triángulo?

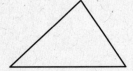

_____

2. ¿Cuántos lados de igual longitud tiene este triángulo?

Repaso en espiral (3.NF.1, 3.MD.8, 3.G.1)

3. Un cuadrilátero tiene 4 ángulos rectos y 2 pares de lados opuestos paralelos. ¿Qué cuadrilátero podría ser?

_____

_____

_____

4. Matías trazó un cuadrilátero con solo un par de lados opuestos que son paralelos. ¿Qué cuadrilátero trazó Matías?

_____

_____

_____

5. ¿Cuál es la longitud de los lados de un rectángulo que tiene un área de 8 unidades cuadradas y un perímetro de 12 unidades?

_____

_____

6. ¿Qué fracción del cuadrado está sombreada?

_____

_____

Resolución de problemas •
Clasificar figuras planas

ESTÁNDAR COMÚN 3.G.1
Reason with shapes and their attributes.

Resuelve los problemas.

1. Steve trazó las figuras de abajo. Escribe la letra de cada figura donde pertenezca en el diagrama de Venn.

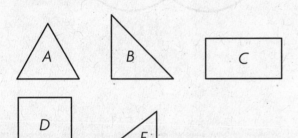

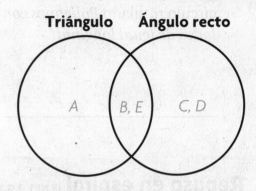

Triángulo   Ángulo recto

A   B, E   C, D

2. Janice trazó las figuras de abajo. Escribe la letra de cada figura donde pertenezca en el diagrama de Venn.

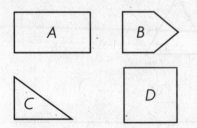

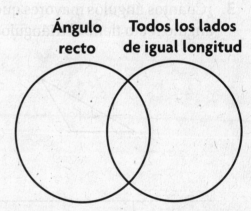

Ángulo recto   Todos los lados de igual longitud

3. Beth trazó las figuras de abajo. Escribe la letra de cada figura donde pertenezca en el diagrama de Venn.

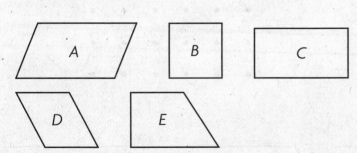

Lados paralelos   Lados perpendiculares

Revisión de la lección (3.G.1)

1. ¿Qué figura iría en la sección donde se superponen los dos círculos?

_____

2. ¿Qué figura NO podría ir en el círculo rotulado *Polígonos con todos los lados de igual longitud?*

_____

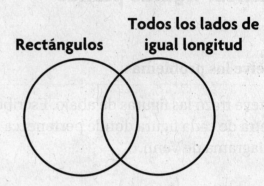

Rectángulos   Todos los lados de igual longitud

Repaso en espiral (3.NF.1, 3.G.1)

3. ¿Cuántos ángulos mayores que un ángulo recto tiene el triángulo?

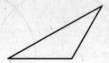

_____

4. ¿Cuántos lados de igual longitud tiene el triángulo?

_____

5. Madison trazó esta figura. ¿Cuántos ángulos menores que un ángulo recto tiene?

_____

6. ¿Cuántos puntos hay en $\frac{1}{2}$ de este grupo?

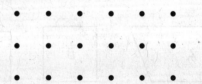

_____

Nombre _____

Relacionar figuras, fracciones y área

ESTÁNDAR COMÚN 3.G.2
Reason with shapes and their attributes.

Traza líneas para dividir la figura en partes iguales que muestren la fracción dada.

1.
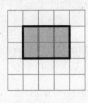

$\dfrac{1}{3}$

2.
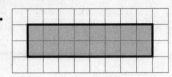

$\dfrac{1}{8}$

3.
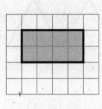

$\dfrac{1}{2}$

Traza líneas para dividir la figura en partes que tengan la misma área. Expresa el área de cada parte como una fracción unitaria.

4.
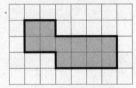

4 partes iguales

_____

5.
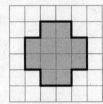

6 partes iguales

_____

6.
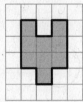

3 partes iguales

_____

Resolución de problemas

7. Robert dividió un hexágono en 3 partes iguales. Muestra cómo pudo haber dividido el hexágono. Escribe la fracción que indique cada parte del entero que dividiste.

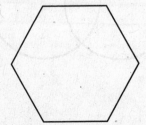

8. Muestra cómo podrías dividir la figura en 8 partes iguales. ¿Qué fracción indica el área de cada parte de la figura dividida?

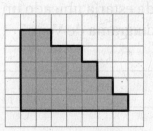

_____

Revisión de la lección (3.G.1)

1. ¿Qué fracción indica cada parte del entero dividido?

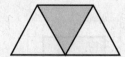

_____

2. ¿Qué fracción indica el área entera que se dividió?

_____

Repaso en espiral (3.G.1)

3. Lil trazó la figura de abajo. ¿Es abierta o cerrada?

_____

4. ¿Cuántos segmentos tiene esta figura?

_____

Usa el diagrama de Venn para resolver los ejercicios 5 y 6.

5. ¿Dónde estaría ubicado un cuadrado en el diagrama de Venn?

_____

_____

6. ¿Dónde estaría ubicado un rectángulo en el diagrama de Venn?

_____

_____

Ángulo recto   Todos los lados de igual longitud

Números hasta diez mil

Pregunta esencial ¿Cómo puedes representar números hasta diez mil de diferentes maneras?

Soluciona el problema

La fábrica Mil Tornillos usa cajas de 1,000 tornillos para llenar cajones de 10,000 tornillos. ¿Cuántas cajas de 1,000 tornillos hay en cada cajón de 10,000?

> • Encierra en un círculo el número que deberás contar para hallar el resultado.

🔑 Cuenta de mil en mil para hallar la cantidad total de cajas de 1,000 tornillos que entrarán en cada cajón. Luego cuenta las cajas.

1,000   **2,000**   _____   _____   _____   _____   _____

[1]   [2]   [ ]   [ ]   [ ]   [ ]   [ ]

_____   _____   _____

[ ]   [ ]   [ ]

Entonces, hay _____ cajas de 1,000 tornillos en cada cajón de 10,000.

🔑 **Ejemplo** Imagina que la fábrica no tiene cajones y debe usar estuches de 100 para preparar un pedido de 3,200 tornillos. ¿Cuántos estuches preparará?

Hay _____ estuches de 100 tornillos en 1,000.

Entonces, hay _____ estuches de 100 tornillos en 3,000.

Hay _____ estuches de 100 tornillos en 200.

Suma los estuches. $30 + 2 =$ _____.

Entonces, la fábrica preparará 32 estuches de 100.

> **Charla matemática** **Prácticas matemáticas**
>
> ¿Qué pasaría si la fábrica tuviera cajas de 1,000 y bolsas de 10 pero ningún estuche de 100? **Explica** cómo se podría preparar el pedido de 3,200 tornillos.

Comparte y muestra

1. La fábrica Mil Tornillos tiene un pedido de 3,140 tornillos. ¿Cómo puede preparar el pedido usando la menor cantidad de paquetes?

_____

2. Imagina que la fábrica de tornillos solo tiene estuches y bolsas. ¿Cómo puede preparar el pedido de 3,140 tornillos?

_____

3. Imagina que la fábrica de tornillos solo tiene cajas y bolsas. ¿Cómo puede preparar el pedido de 3,140 tornillos?

_____

Recuerda

1 caja	=	1,000 tornillos
1 estuche	=	100 tornillos
1 bolsa	=	10 tornillos

Por tu cuenta

Completa el cuadro de paquetes. Usa la menor cantidad de paquetes posible. Cuando hay un cero, usa el paquete más pequeño que le sigue en tamaño.

	Cantidad de tornillos pedidos	Cajones (Diez millares)	Cajas (Millares)	Estuches (Centenas)	Bolsas (Decenas)	Tornillos sueltos (Unidades)
4.	5,267		5			
5.	2,709			7	0	
6.	5,619					
7.	8,416		0		1	6
8.	3,967		0		0	

Resolución de problemas

9. La fábrica Mil Tornillos usó 9 cajas, 9 estuches y 10 bolsas para preparar un pedido. ¿Cuántos tornillos se pidieron?

_____

Nombre _____

Leer y escribir números hasta diez mil

Pregunta esencial ¿De qué maneras puedes leer y escribir números?

 Soluciona el problema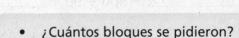

La fábrica de bloques ABC recibe un pedido de bloques. Los bloques de base diez representan el número de bloques pedidos.

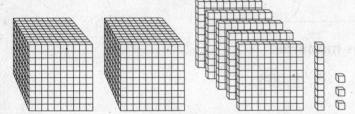

> • ¿Cuántos bloques se pidieron?
>
> _____

Idea matemática

La ubicación de un dígito en un número indica su valor.

Cada trabajador del equipo revisa el pedido expresando el número de diferentes maneras. ¿Qué manera usa cada trabajador?

 Lee y escribe números.

La **forma en palabras** es una manera de escribir un número usando palabras.

Sam recibe el pedido y le lee el número a Mary: dos mil quinientos trece.

La **forma desarrollada** es una manera de escribir un número mostrando el valor de cada dígito.

Mary usa el valor de cada dígito para anotar el número de bloques que habrá en cada tipo de paquete:
2,000 + 500 + 10 + 3

La **forma normal** es una manera de escribir un número usando los dígitos del 0 al 9, donde cada dígito tiene un valor posicional.

Cuando se completa el pedido, Kyle escribe el número total de bloques en la etiqueta del paquete: 2,513.

Entonces, Sam dice el número usando la forma en

_____ , Mary usa la forma _____

y Kyle usa la forma _____.

Charla matemática **Prácticas matemáticas**

Explica cómo hallar el valor del dígito subrayado en 7,521.

1. Escribe el número que se muestra en forma desarrollada.

DIEZ MILLARES	MILLARES	CENTENAS	DECENAS	UNIDADES
	7,	5	9	8

_____ + 500 + 90 + _____

Escribe el número en forma normal.

2. 4,000 + 600 + 70 + 4 _____

3. ocho mil doscientos sesenta y uno _____

Escribe el valor del dígito subrayado de dos maneras.

4. 6,920   **5.** 8,063

_____   _____

Por tu cuenta

Escribe el número en forma normal.

6. 5,000 + 600 + 90 + 7 _____

7. dos mil trescientos cincuenta y nueve _____

8. mil trescientos dos _____ .

Escribe el valor del dígito subrayado de dos formas.

9. 6,818   **10.** 9,342

_____   _____

11. Vuelve a escribir 3,290 como centenas y decenas.

_____ centenas _____ decenas

12. Vuelve a escribir 2,934 como decenas y unidades.

_____ decenas _____ unidades

Resolución de problemas

13. La cantidad de niños que fueron a la feria el día de la inauguración es 351 más que el valor de 4 millares. ¿Cuántos niños fueron a la feria el día de la inauguración?

_____

Nombre _____

Tamaño relativo en una recta numérica

Pregunta esencial ¿Cómo puedes ubicar y nombrar un punto en una recta numérica?

Soluciona el problema

Wilfren tiene 40 monedas de 1¢, Ellen tiene 400 monedas de 1¢ y Matt tiene 4,000 monedas de 1¢. ¿Qué relación hay entre estas cantidades de monedas de 1¢?

> • Encierra en un círculo las cantidades que debes comparar.

🔑 **Compara los tamaños relativos de las cantidades de monedas de 1¢.**

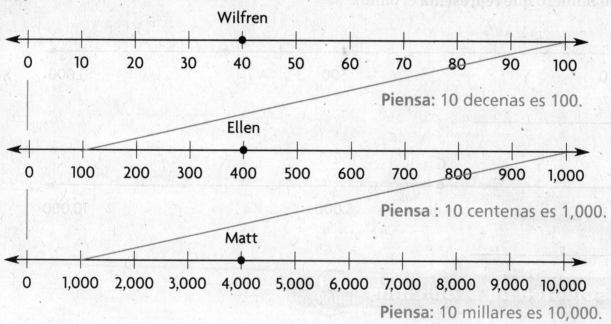

Piensa: 10 decenas es 100.

Piensa : 10 centenas es 1,000.

Piensa: 10 millares es 10,000.

Entonces, Ellen tiene _____ veces más

monedas de 1¢ que Wilfren y Matt tiene

_____ veces más monedas de 1¢ que Ellen.

¡Inténtalo! Halla el número que representa el punto.

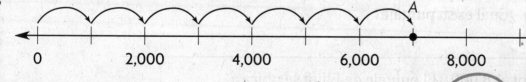

Comienza en el 0. Cuenta salteado de 1,000 en 1,000 hasta llegar al punto A.

Hay _____ saltos de 1,000. Entonces, el punto

A representa _____.

Charla matemática **Prácticas matemáticas**

> **Explica** cómo ubicar y marcar el punto 3,000 en una recta numérica.

Comparte y muestra

Halla el número que representa el punto B en la recta numérica.

1.

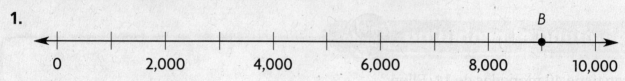

_____

Por tu cuenta

Halla el número que representa el punto.

2.

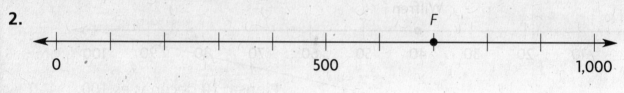

_____

3.

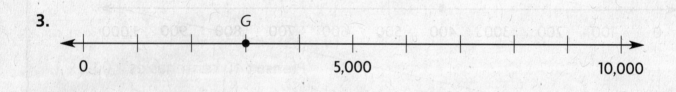

_____

Resolución de problemas En el mundo

Usa la recta numérica para resolver los ejercicios 4 y 5.

Néstor y Elliot están jugando con una recta numérica.

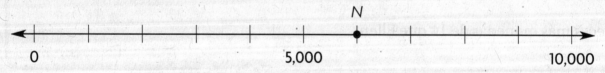

4. El puntaje de Néstor está representado por el punto N en la recta numérica. ¿Cuál es su puntaje?

_____

5. El puntaje de Elliot es 8,000. ¿El puntaje de Elliot se ubica a la derecha o a la izquierda del puntaje de Néstor? **Explícalo.**

_____

Nombre _____

Comparar números de 3 y 4 dígitos

Pregunta esencial ¿De qué maneras puedes comparar números?

🔑 Soluciona el problema

Cody juntó 2,365 monedas de 1¢. Jasmine juntó 1,876 monedas de 1¢. ¿Quién juntó más monedas de 1¢?

Puedes comparar los números de diferentes maneras para hallar qué número es mayor.

> • ¿Qué debes hallar?
>
> _____
>
> _____

🔑 De una manera Usa bloques de base diez.

Compara los valores de los bloques en cada valor posicional de izquierda a derecha. Continúa comparando los bloques hasta que los valores sean diferentes.

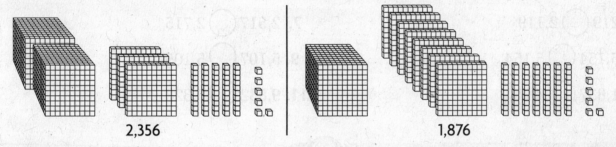

2,356   1,876

2 millares es mayor que 1 millar. Entonces, 2,365 ◯ 1,876.

Entonces, Cody juntó más monedas de 1¢.

🔑 De otra manera Usa el valor posicional.

Compara 7,376 y 7,513.

Compara los dígitos con el mismo valor posicional de izquierda a derecha.

> **Lee**
>
> Lee < como *es menor que*.
>
> Lee > como *es mayor que*.
>
> Lee = como *es igual a*.

MILLARES	CENTENAS	DECENAS	UNIDADES
7,	3	7	6
7,	5	1	3

PASO 1: Compara los millares. Los dígitos son iguales.

PASO 2: Compara las centenas. 3 ◯ 5

Entonces, 7,376 ◯ 7,513.

Prácticas matemáticas

Explica cómo sabes que 568 es menor que 4,786.

1. Compara 2,351 y 3,018. ¿Qué número tiene más millares?
   ¿Qué número es mayor?

   _____

   _____

Compara los números. Escribe <, > ó = en el ⬭.

2. 835 ◯ 853

3. 7,891 ◯ 7,891

4. 809 ◯ 890

5. 3,834 ◯ 3,483

Por tu cuenta

Compara los números. Escribe <, > ó = en el ⬭.

6. 219 ◯ 2,119

7. 2,517 ◯ 2,715

8. 5,154 ◯ 5,154

9. 5,107 ◯ 5,105

10. 1,837 ◯ 837

11. 9,832 ◯ 9,328

Resolución de problemas

12. Nina tiene un diccionario con 1,680 páginas.
    Trey tiene un diccionario con 1,490 páginas.
    Usa <, > ó == para comparar la cantidad de
    páginas de los diccionarios.

    _____

13. El cuentamillas del carro de Ed indica que recorrió
    8,946 millas. El cuentamillas del carro de Beth indica que
    recorrió 5,042 millas. ¿Qué carro recorrió más millas?

    _____

14. Avery dice que ha vivido 3,652 días. Tamika dice que ella ha
    vivido 3,377 días. ¿Quién es más joven?

    _____

✓ Revisión

Conceptos y destrezas

Completa el cuadro de paquetes. Usa la menor cantidad de paquetes posible. Cuando hay un cero, usa el paquete más pequeño que le sigue en tamaño.

	Cantidad de tornillos pedidos	Cajones (Diez millares)	Cajas (Millares)	Estuches (Centenas)	Bolsas (Decenas)	Tornillos sueltos (Unidades)
1.	5,267		5			
2.	2,709			7	0	

Halla el número que representa el punto A en la recta numérica.

3.

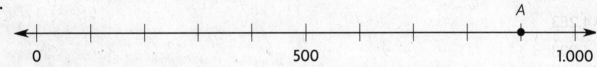

0   500   1.000

_____

Compara los números. Escribe <, > ó = en el .

4. 4,310 ◯ 4,023

5. 5,136 ◯ 5,136

6. 732 ◯ 6,532

7. 9,436 ◯ 4,963

Resolución de problemas *En el mundo*

8. La cantidad de personas que asistieron al Festival de Primavera es 799 más que 8 millares. ¿Cuántas personas asistieron al festival?

9. Hay 1,290 fotografías en la tarjeta de memoria de Nadia. Hay 1,450 fotografías en la tarjeta de memoria de Trevor. Usa <, > ó = para comparar la cantidad de fotografías en las tarjetas de memoria.

Rellena el círculo de la respuesta correcta.

10. Una fábrica de canicas envía canicas en bolsas de 10 canicas, estuches de 100 canicas, cajas de 1,000 canicas y cajones de 10,000 canicas. La fábrica tiene un pedido de 3,570 canicas. ¿Cómo pueden empaquetar el pedido si la fábrica se quedó sin cajas?

Ⓐ 350 estuches, 7 bolsas

Ⓑ 35 estuches, 7 bolsas

Ⓒ 35 estuches, 57 bolsas

Ⓓ 3 estuches, 75 bolsas

11. La cantidad de aficionados que fueron a un partido de béisbol el día de la inauguración es 283 más que 4 millares. ¿Cuántos aficionados fueron al partido de béisbol el día de la inauguración?

Ⓐ 283

Ⓑ 4,000

Ⓒ 4,283

Ⓓ 4,823

Usa la recta numérica para resolver los ejercicios 12 y 13.

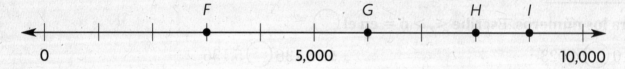

12. Kam anotó 6,000 puntos en un partido. ¿Qué letra de la recta numérica indica el punto que representa el puntaje de Kam?

Ⓐ F   Ⓒ H

Ⓑ G   Ⓓ I

13. Taissa anotó 9,000 puntos en un partido. ¿Qué letra de la recta numérica indica el punto que representa el puntaje de Taissa?

Ⓐ F   Ⓒ H

Ⓑ G   Ⓓ I

Nombre _____

Multiplicar por 11 y por 12

Pregunta esencial ¿Qué estrategias puedes usar para multiplicar por 11 y por 12?

Soluciona el problema En el mundo

Todas las mañanas, Bobby tarda 11 minutos en caminar hasta la escuela. ¿Cuántos minutos tardará en caminar hasta la escuela en 5 días?

> • ¿Cuáles son los grupos en este problema?
>
> _____
>
> _____

Multiplica. $5 \times 11 = $ ▩

De una manera Separa una matriz.

Forma 5 hileras de 11. Usa las operaciones con 10 y las operaciones con 1 para multiplicar por 11.

$5 \times (10 + 1)$

$5 \times 10 = $ _____ $5 \times 1 = $ _____

$5 \times 11 = $ _____ $+$ _____

$5 \times 11 = $ _____

De otra manera Busca un patrón.

Observa la lista.

Observa que el producto tiene el mismo factor en el lugar de las decenas y en el lugar de las unidades.

Para hallar 5×11, escribe el primer factor en el lugar de las decenas y en el lugar de las unidades.

$5 \times 11 = 55$

$1 \times 11 = \ \ 11$
$2 \times 11 = \ \ 22$
$3 \times 11 = \ \ 33$
$4 \times 11 = \ \ 44$

$5 \times 11 = $ _____
$6 \times 11 = \ \ 66$
$7 \times 11 = \ \ 77$
$8 \times 11 = \ \ 88$
$9 \times 11 = \ \ 99$

Entonces, Bobby tardará _____ minutos en caminar hasta la escuela.

¡Inténtalo! **¿Qué pasaría si** Bobby tardara 12 minutos en caminar hasta la escuela? ¿Cuántos minutos tardaría en caminar hasta la escuela en 5 días?

Descompón el factor 12.

$5 \times (10 + 2)$

$5 \times 10 + 50$ $5 \times 2 = 10$

$5 \times 12 = $ _____ $+$ _____ $= $ _____

Duplica una operación con 6.

Halla el producto de 6. $5 \times 6 = 30$

Duplica el producto. _____ $+$ _____ $= $ _____

Entonces, $5 \times 12 = $ _____. Bobby tardará _____ minutos en caminar hasta la escuela.

1. ¿Cómo puedes usar las operaciones con 10 y las operaciones con 2 para hallar 4×12?

_____

_____

Halla el producto.

2. $9 \times 11 = $ _____

3. $7 \times 12 = $ _____

4. _____ $= 4 \times 11$

Por tu cuenta

Halla el producto.

5. _____ $= 11 \times 6$

6. _____ $= 12 \times 2$

7. $0 \times 11 = $ _____

8. _____ $= 6 \times 12$

9. $8 \times 12 = $ _____

10. $7 \times 11 = $ _____

11. $12 \times 9 = $ _____

12. $3 \times 12 = $ _____

13. $1 \times 12 = $ _____

Resolución de problemas

Usa la gráfica para resolver los ejercicios 14 y 15.

14. En la gráfica se muestra la cantidad de millas que algunos estudiantes recorren hasta la escuela cada día. ¿Cuántas millas recorrerá Carlos en su camino a la escuela en 5 días?

_____

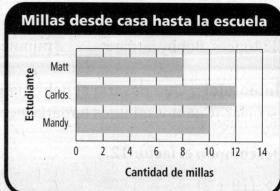

Millas desde casa hasta la escuela

15. Imagina que Mandy viaja 9 veces a la escuela y Matt viaja 11 veces a la escuela. ¿Quién recorre más millas? **Explícalo.**

_____

_____

Nombre _____

Dividir entre 11 y entre 12

Pregunta esencial ¿Qué estrategias puedes usar para dividir entre 11 y entre 12?

Soluciona el problema

Tamara tiene una colección de 60 postales. Las ordena en 12 pilas iguales. ¿Cuántas postales hay en cada pila?

Divide. $60 \div 12 = \blacksquare$

> • ¿Debes hallar la cantidad de grupos o la cantidad que hay en cada grupo?
>
> _____
>
> _____

🔑 De una manera Usa una tabla de multiplicar.

Como la división es la operación inversa de la multiplicación, puedes usar una tabla de multiplicar para hallar un cociente.

Piensa en una operación de multiplicación relacionada.

$$12 \times \blacksquare = 60$$

• Halla la hilera para el factor 12.

• Busca en la línea horizontal para hallar el producto: 60.

• Busca en la línea vertical para hallar el factor desconocido.

• El factor desconocido es 5.

Puesto que $12 \times 5 = 60$, entonces

$60 \div 12 =$ ____.

×	0	1	2	3	4	5	6	7	8	9	10	11	12
0	0	0	0	0	0	0	0	0	0	0	0	0	0
1	0	1	2	3	4	5	6	7	8	9	10	11	12
2	0	2	4	6	8	10	12	14	16	18	20	22	24
3	0	3	6	9	12	15	18	21	24	27	30	33	36
4	0	4	8	12	16	20	24	28	32	36	40	44	48
5	0	5	10	15	20	25	30	35	40	45	50	55	60
6	0	6	12	18	24	30	36	42	48	54	60	66	72
7	0	7	14	21	28	35	42	49	56	63	70	77	84
8	0	8	16	24	32	40	48	56	64	72	80	88	96
9	0	9	18	27	36	45	54	63	72	81	90	99	108
10	0	10	20	30	40	50	60	70	80	90	100	110	120
11	0	11	22	33	44	55	66	77	88	99	110	121	132
12	0	12	24	36	48	60	72	84	96	108	120	132	144

🔑 De otra manera Usa la resta repetida.

• Comienza con 60.

• Resta 12 hasta que llegues a 0.

• Cuenta la cantidad de veces que restas 12.

$$\begin{array}{ccccc} 60 & 48 & 36 & 24 & 12 \\ -12 & -12 & -12 & -12 & -12 \\ \hline 48 & 36 & 24 & 12 & 0 \end{array}$$

Restaste 12 cinco veces.

$60 \div 12 =$ ____

Entonces, hay 5 postales en cada pila.

> **Charla matemática** — **Prácticas matemáticas**
>
> ¿Qué otras estrategias puedes usar para dividir?

1. Usa la tabla de multiplicar de la página P271 para hallar 99 ÷ 11.

_____

Piensa: ¿Cuál es una operación de multiplicación relacionada?

Halla el factor y el cociente desconocidos.

2. $11 \times \blacksquare = 66$ $66 \div 11 = \blacksquare$

   $\blacksquare = $ _____ $\blacksquare = $ _____

3. $2 \times \blacksquare = 24$ $24 \div 2 = \blacksquare$

   $\blacksquare = $ _____ $\blacksquare = $ _____

4. $3 \times \blacksquare = 33$ $33 \div 3 = \blacksquare$

   $\blacksquare = $ _____ $\blacksquare = $ _____

5. $12 \times \blacksquare = 72$ $72 \div 12 = \blacksquare$

   $\blacksquare = $ _____ $\blacksquare = $ _____

Por tu cuenta

Halla el factor y el cociente desconocidos.

6. $11 \times \blacksquare = 55$ $55 \div 11 = \blacksquare$

   $\blacksquare = $ _____ $\blacksquare = $ _____

7. $12 \times \blacksquare = 48$ $48 \div 12 = \blacksquare$

   $\blacksquare = $ _____ $\blacksquare = $ _____

8. $8 \times \blacksquare = 96$ $96 \div 8 = \blacksquare$

   $\blacksquare = $ _____ $\blacksquare = $ _____

9. $8 \times \blacksquare = 88$ $88 \div 8 = \blacksquare$

   $\blacksquare = $ _____ $\blacksquare = $ _____

Halla el cociente.

10. $11 \div 11 = $ _____

11. $77 \div 7 = $ _____

12. _____ $ = 60 \div 12$

13. _____ $ = 22 \div 11$

14. $108 \div 9 = $ _____

15. $84 \div 12 = $ _____

16. $36 \div 3 = $ _____

17. _____ $ = 96 \div 12$

18. $12 \div 12 = $ _____

Compara. Escribe <, > ó = en cada ◯ **.**

19. $96 \div 8$ ◯ $96 \div 12$

20. $77 \div 11$ ◯ $84 \div 12$

21. $99 \div 11$ ◯ $84 \div 7$

Resolución de problemas

22. Justin imprimió 44 carteles para anunciar una venta de garaje. Repartió los carteles entre 11 amigos en partes iguales para que los peguen por el vecindario. ¿Cuántos carteles le dio a cada amigo?

_____

Nombre _____

Relaciones entre la multiplicación y la división

Pregunta esencial ¿Cómo puedes escribir ecuaciones de multiplicación y división relacionadas con factores de 2 dígitos?

La multiplicación y la división son operaciones inversas.

Soluciona el problema

Megan tiene un jardín de rosas. El jardín está dividido en 4 hileras con la misma cantidad de rosales en cada una. Hay 48 rosales en el jardín. ¿Cuántos rosales hay en cada hilera del jardín de Megan?

• ¿Qué debes hallar?

_____

_____

De una manera

Forma una matriz.

48 ÷ 4 = ■

Cuenta 48 fichas cuadradas. Haz 4 hileras con 1 ficha en cada hilera.

Continúa colocando 1 ficha cuadrada en cada una de las 4 hileras hasta que hayas usado todas las fichas.

Dibuja la matriz que hiciste.

Hay _____ fichas en cada hilera.

_____ ÷ _____ = _____

Entonces, hay _____ rosales en cada hilera del jardín de Megan.

De otra manera

Escribe ecuaciones relacionadas.

48 ÷ 4 = ■

Piensa: ¿Qué número multiplicado por 4 es igual a 48?

4 × _____ = 48

Puedes usar la suma repetida para comprobar tu resultado.

_____ + _____ + _____ + _____ = _____

Escribe ecuaciones relacionadas.

_____ × _____ = 48

48 ÷ _____ = _____

Charla matemática Prácticas matemáticas

¿Cómo puedes determinar si dos ecuaciones están relacionadas?

Comparte y muestra

1. Completa las ecuaciones relacionadas para esta matriz.

$3 \times 11 = 33$ $33 \div 3 = 11$

_____   _____

Completa las ecuaciones de multiplicación y división relacionadas.

2. $1 \times 11 = $ _____

  _____ $\times 1 = 11$

  $11 \div 1 = $ _____

  _____ $\div 11 = 1$

3. $5 \times $ _____ $= 60$

  $12 \times 5 = $ _____

  _____ $\div 5 = 12$

  $60 \div $ _____ $= 5$

4. _____ $\times 11 = 77$

  _____ $\times 7 = 77$

  $77 \div $ _____ $= 11$

  _____ $\div 11 = 7$

Por tu cuenta

Completa las ecuaciones de multiplicación y división relacionadas.

5. _____ $\times 12 = 84$

  _____ $\times 7 = 84$

  _____ $\div 7 = 12$

  $84 \div $ _____ $= 7$

6. $6 \times $ _____ $= 66$

  $11 \times $ _____ $= 66$

  $66 \div 6 = $ _____

  $66 \div 11 = $ _____

7. $12 \times 8 = $ _____

  $8 \times $ _____ $= 96$

  $96 \div $ _____ $= 8$

  $96 \div 8 = $ _____

Resolución de problemas

8. Megan cortó 108 rosas para hacer arreglos florales. Hizo 9 arreglos iguales. ¿Cuántas rosas había en cada arreglo?

_____

9. Megan colocó 22 rosas en un jarrón. Cortó la misma cantidad de rosas de 11 rosales diferentes. ¿Cuántas rosas cortó de cada rosal?

_____

Nombre _____

Usar patrones de multiplicación

Pregunta esencial ¿Cómo puedes multiplicar por 10, por 100 y por 1,000?

Soluciona el problema

La Sra. Goldman encargó 4 cajas de yoyos para su juguetería. Cada caja tenía 100 yoyos. ¿Cuántos yoyos encargó la Sra. Goldman?

- Encierra en un círculo los números que debes usar.
- ¿Qué operación puedes usar para hallar el total cuando tienes grupos iguales?

_____

🔑 Usa una operación básica y un patrón para multiplicar.

Factores	Productos
4 × 1	= 4
4 × 10	= 40
4 × 100	= 400

Piensa: Usa la operación básica 4 × 1 = 4. Busca un patrón de ceros.

Entonces, la Sra. Goldman encargó 400 yoyos.

Idea matemática

A medida que aumenta la cantidad de ceros de un factor, la cantidad de ceros en el producto también aumenta.

¡Inténtalo! Usa una operación básica y un patrón para hallar los productos.

A.
$1 \times 3 = 3$

$10 \times 3 =$ _____

B.
$5 \times 1 \quad = 5$

$5 \times 10 \quad = 50$

$5 \times 100 \quad =$ _____

$5 \times 1,000 =$ _____

Charla matemática — **Prácticas matemáticas**

Cuando se multiplica $9 \times 1,000$, ¿cuántos ceros hay en el producto? **Explícalo.**

Comparte y muestra

1. **Explica** cómo usar una operación básica y un patrón para hallar 6×100.

_____

_____

Usa una operación básica y un patrón para hallar los productos.

2. $7 \times 10 =$ _____

$7 \times 100 =$ _____

$7 \times 1,000 =$ _____

3. $10 \times 5 =$ _____

$100 \times 5 =$ _____

$1,000 \times 5 =$ _____

4. $3 \times 10 =$ _____

$3 \times 100 =$ _____

$3 \times 1,000 =$ _____

Por tu cuenta

Usa una operación básica y un patrón para hallar los productos.

5. $2 \times 10 =$ _____

$2 \times 100 =$ _____

$2 \times 1,000 =$ _____

6. $10 \times 8 =$ _____

$100 \times 8 =$ _____

$1,000 \times 8 =$ _____

7. $9 \times 10 =$ _____

$9 \times 100 =$ _____

$9 \times 1,000 =$ _____

Halla el producto.

8. $10 \times 8 =$ _____

9. $6 \times 100 =$ _____

10. _____ $= 4 \times 100$

11. $1,000 \times 4 =$ _____

12. _____ $= 1,000 \times 3$

13. $9 \times 100 =$ _____

Resolución de problemas

Usa la gráfica con dibujos.

14. Patty tiene 20 yoyos menos que Chuck en su colección. En la gráfica, dibuja yoyos para mostrar la cantidad de yoyos de la colección de Patty. **Explica** tu respuesta.

_____

_____

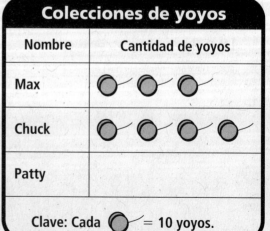

Colecciones de yoyos

Nombre	Cantidad de yoyos
Max	
Chuck	
Patty	

Clave: Cada ◯ = 10 yoyos.

Nombre _____

Usar modelos para multiplicar decenas y unidades

Pregunta esencial ¿Cómo puedes usar bloques de base diez y modelos de área para representar una multiplicación con un factor de 2 dígitos?

Soluciona el problema En el mundo

Tres grupos de 14 estudiantes visitaron el Parlamento estatal en Columbus, Ohio. ¿Cuántos estudiantes en total visitaron el Parlamento?

Multiplica. $3 \times 14 = $ ■

- ¿Qué debes hallar?

  _____

  _____

- Encierra en un círculo los números que debes usar.

De una manera

PASO 1

Representa 3×14 con bloques de base diez.

3 hileras de 10   3 hileras de 4

PASO 2

Multiplica las decenas y las unidades. Anota los productos.

$3 \times 10 = $ _____ $3 \times 4 = $ _____

PASO 3

Suma los productos.

$30 + 12 = 42$

$3 \times 14 = 42$

Entonces, 42 estudiantes visitaron el Parlamento.

De otra manera

PASO 1

Representa 3×14 con un modelo de área.

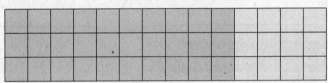

3 hileras de 10   3 hileras de 4

PASO 2

Multiplica las decenas.   Multiplica las unidades.

$3 \times 10 = $ _____ $3 \times 4 = $ _____

PASO 3

Suma los productos.

$30 + 12 = 42$

$3 \times 14 = 42$

Charla matemática   **Prácticas matemáticas**

¿En qué se parecen las dos maneras de hallar un producto?

1. Una manera de representar 18 es 1 decena y 8 unidades. ¿De qué manera puede esto ayudarte a hallar 4 × 18?

_____

_____

Halla el producto. Muestra tu multiplicación y tu suma.

2.

$3 \times 16 = \blacksquare$

_____

_____

3.

$5 \times 13 = \blacksquare$

_____

_____

4.

$6 \times 14 = \blacksquare$

_____

_____

Halla el producto. Muestra tu multiplicación y tu suma.

5.

$4 \times 13 = \blacksquare$

_____

_____

6.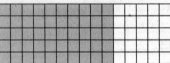

$5 \times 15 = \blacksquare$

_____

_____

7.

$3 \times 17 = \blacksquare$

_____

_____

8. Randy rastrilla las hojas de los jardines por $5 la hora. ¿Cuánto dinero gana si trabaja 12 horas?

_____

P254

Nombre _____

Representar la división con residuo

Pregunta esencial ¿Cómo puedes representar la división con residuo mediante fichas?

🔑 Soluciona el problema En el mundo

Madison tiene 13 semillas. Quiere poner la misma cantidad de semillas en 3 macetas diferentes. ¿Cuántas semillas puede poner en cada maceta? ¿Cuántas semillas quedan fuera?

- ¿Cómo sabes cuántos grupos hacer?

  _____

🔲 Actividad Materiales ▪ fichas

Usa fichas para hallar 13 ÷ 3.

PASO 1 Usa 13 fichas. Dibuja 3 círculos para las 3 macetas.

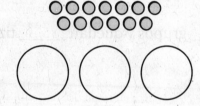

PASO 2 Coloca una ficha en cada grupo hasta que no haya suficientes como para colocar 1 más en cada grupo.

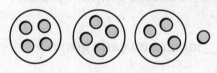

Hay _____ fichas en cada círculo.

Queda _____ ficha.

13 ÷ 3 es igual a 4 y queda 1.

El cociente es 4.

El residuo es 1.

Entonces, Madison puede poner 4 semillas en cada maceta. Queda 1 semilla.

Después de dividir un grupo de objetos entre grupos iguales lo más grandes posible, puede quedar algo. La cantidad que queda se llama **residuo**.

Charla matemática **Prácticas matemáticas**

Explica por qué no puede haber un residuo de 3 cuando se divide entre 3.

¡Inténtalo! **¿Qué pasaría si** Madison quiere poner 4 semillas en cada maceta? ¿Cuántas macetas necesitará? ¿Cuántas semillas quedarán?

_____

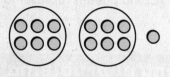

1. Divide 13 fichas en 2 grupos iguales.

Hay _____ fichas en cada grupo y queda

_____ ficha.

Completa.

2. April dividió 17 fichas en 4 grupos iguales.

Había _____ fichas en cada grupo

y quedaba _____ ficha.

3. Divide 20 fichas en grupos de 6.

Hay _____ grupos y quedan _____ fichas.

Por tu cuenta

Completa.

4. Divide 14 lápices en 3 grupos iguales.

Hay _____ lápices en cada grupo y

quedan _____ lápices.

5. Divide 60 tizas en grupos de 8.

Hay _____ grupos y quedan _____ tizas.

Halla la cantidad total de objetos.

6. Hay 2 zapatos en cada uno de los 6 grupos y queda 1 zapato.

Hay _____ zapatos en total.

7. Hay 4 manzanas en cada uno de los 3 grupos y quedan 2 manzanas.

Hay _____ manzanas en total.

Resolución de problemas

Usa la gráfica de barras para resolver el Problema 8.

8. Si Héctor divide las hojas de roble en grupos iguales y las coloca en 4 cajas de muestra, ¿cuántas hojas habrá en cada caja? ¿Cuántas hojas quedarán?

_____

Nombre _____

Usar modelos para dividir decenas y unidades

Pregunta esencial ¿Cómo puedes representar una división con un cociente de 2 dígitos?

🔑 Soluciona el problema

Emma horneó 52 panecillos. Quiere poner la misma cantidad de panecillos en 4 bandejas diferentes. ¿Cuántos panecillos puede poner en cada bandeja?

- Encierra en un círculo los números que debes usar.
- ¿Cuántos grupos iguales hay?

  _____

 Halla 52 ÷ 4.

PASO 1

Usa bloques de base diez para representar el problema. Dibuja 4 rectángulos para representar los 4 grupos iguales.

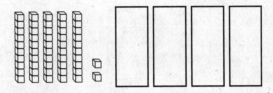

PASO 2

Reparte las decenas. Coloca 1 decena en cada grupo hasta que no haya suficientes decenas como para colocar 1 más en cada grupo.

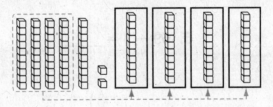

PASO 3

Reagrupa la decena restante en unidades. Ahora hay 12 unidades.

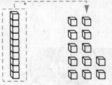

PASO 4

Reparte las unidades. Coloca 1 unidad en cada grupo hasta que no haya suficientes unidades como para colocar 1 más en cada grupo.

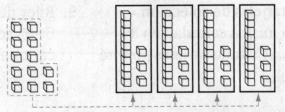

Entonces, Emma puede poner _____ panecillos en cada bandeja.

Charla matemática Prácticas matemáticas

¿Cómo puedes comprobar tu resultado?

Comparte y muestra

1. Halla 42 ÷ 2.

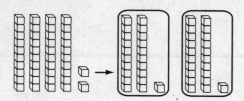

- ¿Cuántos grupos iguales hay? _____
- ¿Cuántas decenas corresponden a cada grupo? _____
- ¿Cuántas unidades corresponden a cada grupo? _____
- El cociente es _____

Usa bloques de base diez y tu pizarra para dividir.

2. 65 ÷ 5 = _____

3. 90 ÷ 3 = _____

4. 88 ÷ 4 = _____

Por tu cuenta

Usa bloques de base diez y tu pizarra para dividir.

5. 72 ÷ 2 = _____

6. 69 ÷ 3 = _____

7. 96 ÷ 6 = _____

Resolución de problemas

8. Roger tiene 84 tarjetas de colección. Quiere poner la misma cantidad en 3 cajas diferentes. ¿Cuántas tarjetas pondrá en cada caja?

9. Riley tiene 78 postales. Quiere poner 6 en cada cartón para cartel. ¿Cuántos cartones para cartel necesitará?

Nombre _____

✓ Revisión

Conceptos y destrezas

Halla el producto.

1. _____ = 11 × 5

2. 12 × 7 = _____

Halla el factor y el cociente desconocidos.

3. 4 × ■ = 44   44 ÷ 4 = ■

■ = _____   ■ = _____

4. Escribe las ecuaciones de multiplicación y división
relacionadas para los números 5, 12, 60.

_____ _____ _____ _____

Usa una operación básica y un patrón para hallar los productos.

5. 3 × 10 = _____

3 × 100 = _____

3 × 1,000 = _____

6. 10 × 7 = _____

100 × 7 = _____

1,000 × 7 = _____

Halla el producto. Muestra tu multiplicación y tu división.

7.

3 × 14 = ■

3 × 10 = _____   3 × 4 = _____

_____ + _____ = _____

3 × 14 = _____

Usa bloques de base diez y tu pizarra para dividir.

8. 132 ÷ 6 = _____

9. 160 ÷ 8 = _____

Resolución de problemas *En el mundo*

10. Jerry imprimió 48 fotografías. Les dio la
misma cantidad a 4 amigos. ¿Cuántas
fotografías recibió cada uno?

_____

11. Tina divide 17 crayones en 3 grupos
iguales. ¿Cuántos crayones habrá en
cada grupo? ¿Cuántos quedarán?

_____

Rellena el círculo del resultado correcto.

12. Marita corta 72 margaritas para hacer ramos. Hace 6 ramos iguales. ¿Cuántas margaritas hay en cada ramo?

Ⓐ 6 Ⓒ 8

Ⓑ 7 Ⓓ 12

13. Christine cobra $5 por hora por cuidar niños. ¿Cuánto dinero gana en 16 horas?

Ⓐ $21 Ⓒ $64

Ⓑ $50 Ⓓ $80

14. Usa la gráfica de barras. Héctor divide las semillas de zanahorias en partes iguales entre 4 sectores de un jardín. ¿Cuántas semillas quedarán?

Ⓐ 5

Ⓑ 4

Ⓒ 3

Ⓓ 2

15. Roberto tiene 39 carros de juguete. Quiere colocar la misma cantidad de carros en 3 estantes diferentes. ¿Cuántos carros pondrá en cada estante?

Ⓐ 2 Ⓒ 13

Ⓑ 9 Ⓓ 39

Nombre _____

Representar décimos y centésimos

Pregunta esencial ¿Cómo puedes representar y escribir fracciones como décimos y centésimos?

⚿ Soluciona el problema

Puedes usar modelos para representar fracciones como décimos y centésimos.

> • ¿Qué debes hallar para escribir la fracción?
>
> _____

⚿ Ejemplo

A

PASO 1

Este modelo tiene 10 partes iguales. Cada parte es un **décimo**. Sombrea tres de las diez partes iguales.

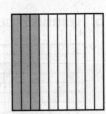

PASO 2

Escribe la fracción.
Piensa: Hay tres décimos sombreados.

_____

B

PASO 1

Este modelo tiene 100 partes iguales. Cada parte es un **centésimo**. Sombrea ocho de las cien partes iguales.

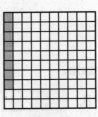

PASO 2

Escribe la fracción.
Piensa: Hay ocho centésimos sombreados.

_____

¡Inténtalo!

Sombrea el modelo para mostrar nueve de las diez partes iguales.

Lee: _____

Escribe: _____

Sombrea el modelo para mostrar sesenta y cinco de las cien partes iguales.

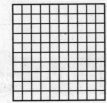

> **Charla matemática** · **Prácticas matemáticas**
>
> ¿Qué número de una fracción representa la cantidad de partes que se cuentan y qué número representa la cantidad de partes iguales del entero?

Lee: _____

Escribe: _____

Comparte y muestra

Escribe la fracción que indica la parte sombreada.

1.

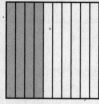

Piensa: ¿Cuántas partes iguales están sombreadas?

_____

2.

_____

3.

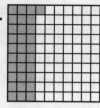

_____

Sombrea para representar la fracción. Luego escribe la fracción en números.

4. tres décimos

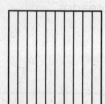

5. veintitrés centésimos

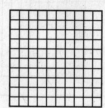

Por tu cuenta

Escribe la fracción que indica la parte sombreada.

6.

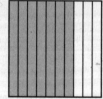

_____

7.

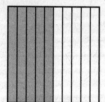

_____

8.

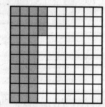

_____

9.

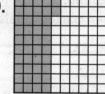

_____

Resolución de problemas

10. Cada jugador lanzó una pelota de básquetbol 10 veces. Eric encestó 4 veces. Escribe una fracción para representar la parte de los tiros de Eric que fueron canastas.

_____

11. Nina les preguntó a 100 estudiantes si tienen una mascota. De los estudiantes, $\frac{19}{100}$ tienen un gato. ¿Cuántos estudiantes tienen un gato?

_____

Nombre _____

Fracciones mayores que uno

Pregunta esencial ¿En qué ocasiones podrías usar una fracción mayor que 1 o un número mixto?

Soluciona el problema

Troy usa $\frac{1}{4}$ de caja de plastilina para hacer un modelo de un carro. ¿Cuántas cajas de plastilina usa para hacer 5 modelos?

- ¿Qué cantidad de plastilina usa Troy para hacer cada modelo de carro?

  _____

- ¿Cuántos modelos de carro hace Troy?

  _____

Haz un modelo.

- Dibuja cuadrados divididos en cuartos para representar las cajas de plastilina. Sombrea $\frac{1}{4}$ para la cantidad de plastilina que usa Troy para cada uno de los 5 modelos de carro.

- Cuenta las partes sombreadas.

  Hay _____ partes sombreadas.

- Escribe la fracción.

  [ ] partes sombreadas

  [ ] partes del entero

El número $\frac{5}{4}$ es una fracción mayor que 1. Una fracción mayor que 1 puede escribirse como un **número mixto**. Un número mixto contiene un número entero y una fracción.

Entonces, Troy usa $\frac{5}{4}$ ó $1\frac{1}{4}$ cajas de plastilina para hacer 5 modelos de carro.

$\frac{1}{4}$	$\frac{1}{4}$
$\frac{1}{4}$	$\frac{1}{4}$

$\frac{1}{4}$	$\frac{1}{4}$
$\frac{1}{4}$	$\frac{1}{4}$

Piensa: $\frac{4}{4} = 1$

Hay un cuarto y un entero sombreados.

Escribe: $1\frac{1}{4}$

Lee

Lee $1\frac{1}{4}$ como *uno y un cuarto*.

Charla matemática · **Prácticas matemáticas**

¿Por qué $\frac{5}{4}$ y $1\frac{1}{4}$ son iguales?

1. Cada círculo fraccionario es 1 entero. Escribe un número mixto para las partes sombreadas.

   Hay _____ partes sombreadas.

   Hay _____ partes iguales en el entero.

   Fracción: $\dfrac{\boxed{} \text{ partes sombreadas}}{\boxed{} \text{ partes del entero}}$

   Hay _____ entero sombreado y _____ tercios sombreados.

   El número mixto es _____.

Cada figura es 1 entero. Escribe un número mixto para las partes sombreadas.

2.   _____

3. 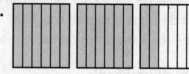 _____

Cada figura es 1 entero. Escribe un número mixto para las partes sombreadas.

4.   _____

5.  _____

6. Luis jugó $\dfrac{6}{4}$ de partidos de fútbol esta temporada. ¿Cómo puedes escribir la cantidad de partidos que jugó Luis como un número mixto?

_____

7. Marci usó $\dfrac{7}{3}$ de envases de jugo. ¿Cómo puedes escribir la cantidad de envases de jugo que usó Marci como un número mixto?

_____

Nombre _____

Fracciones equivalentes

Pregunta esencial ¿Cómo puedes usar modelos para hallar fracciones equivalentes?

Soluciona el problema En el mundo

Bart llevó una tarta de manzana a una merienda. La cortó en 6 partes iguales y, durante la merienda, se comieron 3 partes.

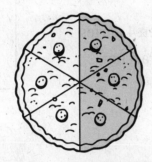

- ¿Qué fracción indica la cantidad de tarta

  que se comió? _____

- ¿Qué fracción indica la cantidad de

  tarta que quedó? _____

Bart dividió cada una de las partes que quedaban en 2 partes iguales. Dibuja una línea discontinua sobre cada parte para mostrar cómo la dividió Bart.

Después de dividir cada parte de un sexto en 2 partes iguales, habrá 12 partes en toda la tarta. Las partes se llaman doceavos.

- ¿Qué fracción indica la cantidad total de partes

  que le quedan a Bart? _____

$\dfrac{}{6}$ y $\dfrac{}{12}$ son equivalentes puesto que ambas indican la misma cantidad de tarta.

Charla matemática **Prácticas matemáticas**

¿Qué relación hay entre el tamaño de las partes en las fracciones equivalentes? ¿Qué relación hay entre la cantidad de partes?

Usa modelos para hallar la fracción equivalente.

1. $\dfrac{1}{2} = \dfrac{}{4}$

En este modelo se muestra un entero dividido en 2 partes iguales. Sombrea el modelo para mostrar la fracción $\dfrac{1}{2}$.

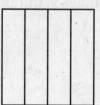

En este modelo se muestra un entero dividido en 4 partes iguales. Sombrea el modelo para mostrar una fracción equivalente a $\dfrac{1}{2}$.

Entonces, $\dfrac{}{2} = \dfrac{}{4}$.

Por tu cuenta

Usa modelos para hallar la fracción equivalente.

2. $\dfrac{1}{2} = \dfrac{}{6}$

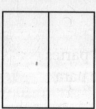

3. $\dfrac{9}{12} = \dfrac{}{4}$

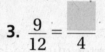

Resolución de problemas *En el mundo*

4. Una barra de pan tiene 12 rebanadas. Micky comió $\dfrac{1}{4}$ de la barra. Escribe la fracción del pan que comió Micky en doceavos.

5. Sandra usó $\dfrac{1}{4}$ de un metro de cuerda para hacer una pulsera. Escribe la fracción de un metro de cuerda que usó Sandra en octavos.

Nombre _____

Fracciones equivalentes en una tabla de multiplicar

Pregunta esencial ¿Cómo puedes generar fracciones equivalentes con una tabla de multiplicar?

CONECTAR Puedes usar un modelo para representar las fracciones equivalentes $\frac{1}{2}$, $\frac{2}{4}$ y $\frac{3}{6}$.

$$\frac{1}{2} = \frac{2}{4} = \frac{3}{6}$$

Piensa: La cantidad sombreada en los modelos es la misma; el segundo y el tercer modelo tienen más partes sombreadas.

⚑ Soluciona el problema

Puedes usar una tabla de multiplicar para hallar otras fracciones equivalentes a $\frac{1}{2}$.

🔑 **Actividad** ¿Cuáles son algunas fracciones equivalentes a $\frac{1}{2}$?

Materiales ■ tabla de multiplicar

- Sombrea la hilera del numerador de la fracción $\frac{1}{2}$. El numerador es 1.

- Sombrea la hilera del denominador de la fracción $\frac{1}{2}$. El denominador es 2.

- Busca el numerador 1 y el denominador 2 en las hileras.

Escribe los productos con el numerador 1 como factor. Luego escribe los productos con el denominador 2 como factor. Los primeros tres están hechos como ejemplo.

- En una tabla de multiplicar, ¿cuál es la relación entre un producto y el producto de abajo?

  _____

  _____

×	1	2	3	4	5	6	7	8	9	10
1	1	2	3	4	5	6	7	8	9	10
2	2	4	6	8	10	12	14	16	18	20
3	3	6	9	12	15	18	21	24	27	30

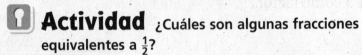

numerador ⟶
denominador ⟶
$$\frac{1}{2} = \frac{2}{4} = \frac{3}{6} = \frac{}{8} = \frac{6}{}$$

Charla matemática — **Prácticas matemáticas**

¿Por qué la disposición de los factores y los productos en una tabla de multiplicar ayuda a hallar fracciones equivalentes?

- ¿Qué observas acerca de los productos que hay en la columna del 1 y la columna del 2?

  El numerador y el denominador aumentan en un factor de _____.

- ¿Qué observas acerca de los productos que hay en la columna del 1 y la columna del 3?

  El numerador y el denominador aumentan en un factor de _____.

- ¿Qué observas acerca de los productos que hay en la columna del 1 y la columna del 4?

  El numerador y el denominador aumentan en un factor de _____.

Idea matemática

Para hallar una fracción equivalente, puedes multiplicar el numerador y el denominador por el mismo número.

Entonces, $\frac{2}{4}$, $\frac{3}{6}$, $\frac{4}{8}$ y $\frac{6}{12}$ son algunas fracciones equivalentes a $\frac{1}{2}$.

Usa una tabla de multiplicar para hallar fracciones equivalentes.

1. Escribe 3 fracciones equivalentes a $\frac{1}{3}$.

×	1	2	3	4	5	6	7	8	9	10
1	1	2	3	4	5	6	7	8	9	10
2	2	4	6	8	10	12	14	16	18	20
3	3	6	9	12	15	18	21	24	27	30

- Sombrea la hilera del numerador de la
  fracción $\frac{1}{3}$. El numerador es _____.

- Sombrea la hilera del denominador de la
  fracción $\frac{1}{3}$. El denominador es _____.

- Busca el numerador 1 y el denominador 3 en las hileras.

Escribe los productos con el numerador 1 como factor. Luego
escribe los productos con el denominador 3 como factor.

numerador ⟶
denominador ⟶ $\frac{1}{3} = \frac{}{6} = \frac{}{} = \frac{}{}$.

Entonces, $\frac{1}{3} = \frac{}{} = \frac{}{} = \frac{}{}$.

Escribe 3 fracciones equivalentes.

2. $\frac{1}{6}$

_____

3. $\frac{1}{4}$

_____

Por tu cuenta

Usa una tabla de multiplicar para hallar tres fracciones equivalentes.

4. $\frac{2}{5}$

_____

5. $\frac{3}{10}$

_____

Resolución de problemas

6. En el equipo de fútbol de Jan, $\frac{1}{5}$ de los
   jugadores están en el campo de juego.
   ¿Puedes decir tres fracciones equivalentes
   que indiquen la parte del equipo que está
   en el campo de juego?

7. Ken usó $\frac{3}{4}$ de un envase de leche. ¿Puedes
   decir tres fracciones equivalentes que
   indiquen la parte del envase que usó?

Nombre _____

✓ Revisión

Escribe la fracción que indica la parte sombreada.

1.

2.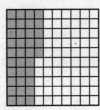

_____

Cada figura es 1 entero. Escribe un número mixto para las partes sombreadas.

3.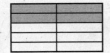

_____

Usa modelos para hallar la fracción equivalente.

4. $\frac{1}{4} = \frac{\square}{12}$

5. $\frac{5}{6} = \frac{\square}{12}$

Usa una tabla de multiplicar para hallar tres fracciones equivalentes.

6. $\frac{3}{4}$

7. $\frac{4}{10}$

_____

Resolución de problemas

8. Tres amigos se repartieron 4 tartas en partes iguales. Cada uno recibió $\frac{4}{3}$ de tartas. ¿Cómo puedes escribir la cantidad de tarta que recibió cada persona como un número mixto?

9. Bill compró un sándwich grande y lo cortó en 8 trozos iguales. Comió $\frac{1}{4}$ de sándwich. ¿Cómo puedes escribir la cantidad que comió como octavos?

_____

Rellena el círculo del resultado correcto.

10. Cada jugador de béisbol tuvo 10 jits. Linda bateó 8 pelotas fuera del campo de juego. Escribe una fracción que muestre qué parte de los 10 jits bateó Linda fuera del campo de juego.

Ⓐ $\frac{18}{18}$

Ⓑ $\frac{10}{8}$

Ⓒ $\frac{9}{10}$

Ⓓ $\frac{8}{10}$

11. Vilma usó $\frac{8}{3}$ de paquetes de galletas Graham para preparar la base para una tarta. ¿Cómo puedes escribir los paquetes de galletas que usó como un número mixto?

Ⓐ $2\frac{1}{8}$ Ⓒ $2\frac{2}{3}$

Ⓑ $2\frac{1}{3}$ Ⓓ $3\frac{1}{3}$

12. Sam usó $\frac{10}{12}$ de un metro de cinta para decorar el marco de un cuadro. ¿Qué fracción de un metro de cinta, indicada en sextos, usó Sam?

Ⓐ $\frac{2}{12}$

Ⓑ $\frac{5}{6}$

Ⓒ $\frac{6}{12}$

Ⓓ $\frac{12}{10}$

13. Eleonora usó $\frac{3}{8}$ de una botella de jugo. ¿Puedes decir una fracción equivalente que indique la parte de la botella de jugo que usó Eleonora?

Ⓐ $\frac{6}{16}$ Ⓒ $\frac{3}{4}$

Ⓑ $\frac{5}{8}$ Ⓓ $\frac{8}{3}$

Nombre _____

El mismo tamaño, la misma forma

Pregunta esencial *¿Cómo puedes identificar figuras que tienen el mismo tamaño y la misma forma?*

¡ Soluciona el problema

Para saber si dos figuras tienen el mismo tamaño y la misma forma, puedes comparar las partes que se emparejan de las figuras.

- ¿Qué partes de las figuras debes comparar?

_____

_____

 Actividad Compara el tamaño y la forma.

Materiales ■ papel cuadriculado ■ tijeras ■ regla

PASO 1 Traza y recorta la Figura *A* en papel cuadriculado.

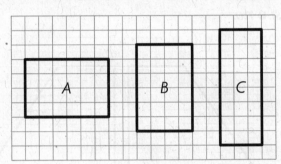

PASO 2 Desplaza la Figura *A* para compararla con la Figura *B*.

- ¿Se emparejan las figuras de manera

exacta? _____

La Figura *A* y la Figura *B* _____ el mismo

tamaño y _____ la misma forma.

PASO 3 Desplaza la Figura *A* para compararla con la Figura *C*.

- ¿Se emparejan las figuras de manera

exacta? _____

La Figura *A* y la Figura *C* _____
la misma forma.

Charla matemática **Prácticas matemáticas**

Explica qué relación hay entre el tamaño y la forma de la Figura *A* y el tamaño y la forma de la Figura *C*.

¡Inténtalo!

Puesto que todos los ángulos de las Figuras *A* y *B* son iguales, puedes compararlas según los lados que se emparejan.

La longitud del lado más corto de la Figura *A* mide _____ unidades.

La longitud del lado más corto de la Figura *B* mide _____ unidades.

La longitud del lado más largo de la Figura *A* mide _____ unidades.

La longitud del lado más largo de la Figura *B* mide _____ unidades.

Entonces, la Figura *A* y la Figura *B* tienen el _____ tamaño y la _____ forma.

Comparte y muestra

1. ¿Qué figura tiene el mismo tamaño y la misma forma que la Figura *A*?

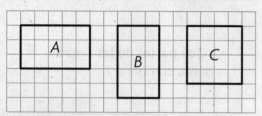

Piensa: Si trazo la Figura *A* y la desplazo, ¿con qué figura se emparejaría de manera exacta?

_____

Por tu cuenta

Observa la primera figura. Indica si tiene el mismo tamaño y la misma forma que la segunda figura. Escribe *sí* **o** *no*.

2.

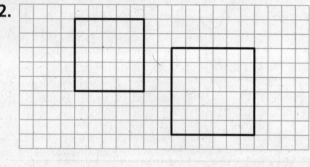

_____

3.

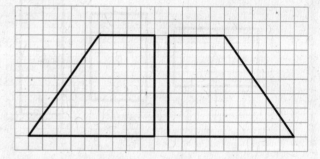

_____

4.

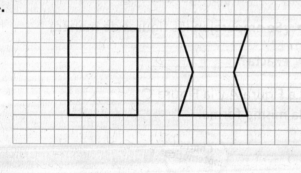

_____

5.

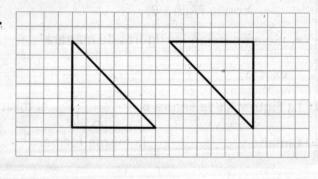

_____

Resolución de problemas

6. Kyra dice que estas figuras tienen el mismo tamaño y la misma forma. ¿Tiene razón? **Explícalo.**

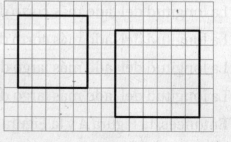

_____

_____

Nombre _____

Convertir unidades de longitud del sistema usual

Pregunta esencial *¿Cómo puedes convertir de pies a pulgadas?*

 Soluciona el problema En el mundo

Puedes usar diferentes unidades para indicar la misma longitud.

Erin tiene un estante que mide 2 pies de longitud. ¿Cuántas pulgadas mide el estante?

- ¿Qué debes hallar?

_____

_____

De una manera Haz un dibujo.

2 pies

1 pie	1 pie

Recuerda

1 pie = 12 pulgadas

Dibuja una casilla para representar cada pie. Debajo de cada pie, dibuja 12 casillas pequeñas para representar la cantidad de pulgadas que hay en 1 pie. Cuenta la cantidad total de casillas pequeñas.

Hay 24 casillas pequeñas en total. 2 pies = _____ pulgadas

Entonces, el estante de Erin mide _____ pulgadas de longitud.

De otra manera Usa una recta numérica.

Erin tiene una mesa que mide 3 pies de longitud. ¿Cuántas pulgadas mide la mesa? Dibuja una recta numérica y rotúlala en pies.

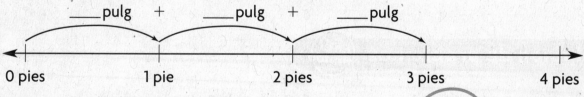

____pulg + ____pulg + ____pulg

0 pies   1 pie   2 pies   3 pies   4 pies

Dibuja un salto de 12 pulgadas para cada pie. Suma la longitud de los saltos para hallar la cantidad total de pulgadas.

Charla matemática Prácticas matemáticas

¿Por qué cuentas de 12 en 12 al convertir de pies a pulgadas?

3 pies = _____ pulgadas

Entonces, la mesa de Erin mide _____ pulgadas de longitud.

Comparte y muestra

1. Usa la recta numérica. Convierte 4 pies a pulgadas.

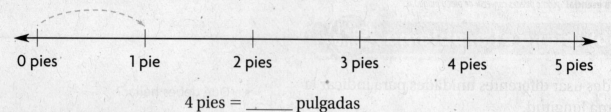

| 0 pies | 1 pie | 2 pies | 3 pies | 4 pies | 5 pies |

4 pies = _____ pulgadas

Por tu cuenta

Haz un dibujo.

2. Convierte 7 pies a pulgadas.

7 pies = _____ pulgadas

3. Convierte 6 pies a pulgadas.

6 pies = _____ pulgadas

4. Usa la recta numérica. Convierte 8 pies a pulgadas.

8 pies = _____ pulgadas

Resolución de problemas

5. Elsa tiene una cuerda que mide 10 pies de longitud. ¿Cuántas pulgadas mide la cuerda?

6. José mide 5 pies de estatura. ¿Cuántas pulgadas mide José?

Nombre _____

Convertir unidades de longitud del sistema métrico

Pregunta esencial *¿Cómo puedes convertir de metros a centímetros?*

CONECTAR Has aprendido a convertir de pies a pulgadas.
En esta lección, convertirás de metros a centímetros.

Soluciona el problema

Gina necesita un trozo de madera que mida 4 metros de longitud para construir un banco. ¿Cuántos centímetros de madera necesita?

- ¿Qué debes hacer para responder a la pregunta?

_____

🔑 **Completa la tabla para mostrar cómo se relacionan las unidades.**

PASO 1 Busca un patrón para completar la tabla. Describe la relación.

Metros	1	2	3	4	5
Centímetros	100	200	300	**400**	

Recuerda

1 metro = 100 centímetros

Para hallar la cantidad de centímetros, suma _____ centímetros por cada metro.

_____

PASO 2 Usa la relación para hallar la cantidad de centímetros que hay en 4 metros.

4 metros = _____ centímetros

Entonces, Gina necesita _____ centímetros de madera para construir un banco.

Ejemplos

A. Convierte 6 metros a centímetros.

Suma 100 a _____ centímetros.

Entonces, 6 metros = _____ centímetros.

B. Convierte 8 metros a centímetros.

Multiplica 100 centímetros por _____.

Entonces, 8 metros = _____ centímetros.

Charla matemática **Prácticas matemáticas**

¿Qué debes saber para convertir de una unidad de longitud a otra?

Comparte y muestra

1. ¿Cómo puedes convertir 3 metros a centímetros?
   Completa la tabla para mostrar cómo se relacionan las unidades.

Metros	1	2	3	4
Centímetros	100	200		400

Para hallar la cantidad de centímetros,

suma _____ centímetros por cada metro.

Entonces, 3 metros = _____ centímetros.

Halla el número desconocido.

2. 2 metros = _____ centímetros

3. 5 metros = _____ centímetros

Por tu cuenta

Completa la tabla.

4.

Metros	3	4	5	6	7	8	9	10
Centímetros	300	400	500				900	

Halla el número desconocido.

5. 8 metros = _____ centímetros

6. 3 metros = _____ centímetros

Resolución de problemas

7. Jorge necesita 7 metros de alambre para el cerco de un jardín. El alambre se vende por centímetros. ¿Cuántos centímetros de alambre necesita?

8. Wanda necesita 9 metros de tela para hacer cortinas. Tiene 1,000 centímetros de tela. ¿Tiene suficiente tela para hacer las cortinas? **Explícalo**.

Nombre _____

Estimar y medir el volumen de un líquido

Pregunta esencial *¿Qué relación hay entre tazas, pintas, cuartos y galones?*

🔑 Soluciona el problema

Puedes usar unidades del sistema usual para medir la cantidad de líquido que puede contener un recipiente. Algunas unidades del sistema usual son taza (tz), pinta (pt), cuarto (ct) y galón (gal).

1 taza (tz)	1 pinta (pt)	1 cuarto (ct)	1 galón (gal)

🔓 Actividad Muestra la relación que hay entre tazas, pintas, cuartos y galones.

Materiales ■ recipientes para medir en tazas, pintas, cuartos y galones ■ agua

PASO 1 Estima la cantidad de tazas que se necesitarán para llenar el recipiente de una pinta. Anota tu estimación en la tabla.

PASO 2 Llena una taza y vierte el agua dentro del recipiente de una pinta. Repite el procedimiento hasta que el recipiente de una pinta esté lleno. Anota la cantidad de tazas que se necesitaron para llenar el recipiente de una pinta.

PASO 3 Repite los Pasos 1 y 2 para los recipientes de un cuarto y de un galón.

Cantidad de tazas			
	Cantidad de tazas en una pinta	Cantidad de tazas en un cuarto	Cantidad de tazas en un galón
Estimación			
Volumen del líquido			

Charla matemática | **Prácticas matemáticas**

¿Qué unidad usarías para medir la cantidad de agua que se necesita para llenar un acuario? **Explica** tu elección.

Elige la unidad que usarías para medir la cantidad de líquido
que puede contener el recipiente. Escribe *taza, pinta, cuarto
o galón.*

1.    **Piensa:** Una taza es pequeña.

   <u>taza</u>

2.

   cubeta

   _____

3.

   bañera

   _____

4.

   vaso

Por tu cuenta

Elige la unidad que usarías para medir la cantidad
de líquido que puede contener el recipiente.
Elige la mejor unidad de medida.

5. el tazón para agua de un perro: 2 tazas o 2 galones

6. un envase pequeño de jugo: 1 taza o 1 cuarto

Resolución de problemas

7. Lila preparó 3 cuartos de
   limonada. ¿Cuántas tazas de
   limonada preparó?

8. Richard preparó 2 galones de refresco de
   frutas para una fiesta. ¿Cuántas porciones
   de 1 taza puede servir?

_____

Nombre _____

Estimar y medir el peso

Pregunta esencial ¿Qué relación hay entre onzas y libras?

Soluciona el problema

El peso es la medida que indica cuán pesado es un objeto. Entre las unidades de peso del sistema usual están la onza (oz) y la libra (lb).

1 rebanada de pan pesa alrededor de 1 onza.

1 barra de pan pesa alrededor de 1 libra.

Unidades de peso del sistema usual

1 libra = 16 onzas

Actividad **Muestra la relación entre onzas y libras.**

Materiales ■ báscula de resorte ■ objetos del salón de clases

PASO 1 Estima el peso del objeto que se muestra en la tabla. Anota tu estimación.

PASO 2 Usa una báscula para medir el peso del objeto a la onza o la libra más próxima. Anota el peso.

PASO 3 Repite los Pasos 1 y 2 con cada uno de los objetos.

Recuerda

Incluye la unidad cuando anotes las estimaciones y las medidas en tu tabla.

Peso de los objetos		
Objeto	Estimación	Peso
manzana		
libro		
caja de lápices		
porta cinta adhesiva		

Charla matemática **Prácticas matemáticas**

¿Qué relación hay entre tus estimaciones y los pesos reales?

1. ¿Qué unidad usarías para medir el peso de una uva?
Escribe onza o libra.

Piensa: Una uva es un objeto pequeño y liviano.

onza

Elige la unidad que usarías para medir el peso.
Escribe *onza* o *libra*.

2.

3.

4.

Por tu cuenta

Elige la unidad que usarías para medir el peso.
Escribe *onza* o *libra*.

5.

6.

7.

Resolución de problemas

8. Duane compró orégano para condimentar la salsa para la pasta. ¿Cuál es el peso más probable del orégano: 1 onza o 1 libra?

9. Erin compró una bolsa de harina para hornear unos panecillos para la cena. ¿Compró 5 onzas o 5 libras de harina?

Nombre _____

✓ Revisión

Conceptos y destrezas

Observa la primera figura. Indica si parece tener el mismo tamaño y la misma forma que la segunda figura. Escribe *sí* o *no*.

1.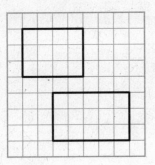

   _____

2.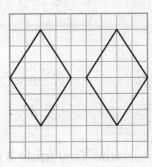

   _____

3. Usa la recta numérica. Convierte 5 pies a pulgadas.

   <——>

   5 pies = _____ pulgadas

Halla el número desconocido.

4. 6 metros = _____ centímetros

5. 8 metros = _____ centímetros

Elige la unidad que usarías para medir la cantidad de líquido que puede contener el recipiente. Elige la mejor unidad de medida.

6. una jarra de té helado: 1 taza o 1 galón

Resolución de problemas

7. Una tetera contiene 4 cuartos de té. ¿Cuántas tazas de té contiene?

   _____

8. Evan compró una bolsa grande de alimento seco para perros. ¿Compró 6 onzas o 6 libras de alimento para perros?

   _____

Rellena el círculo de la respuesta correcta.

9. ¿Qué figuras tienen el mismo tamaño y la misma forma?

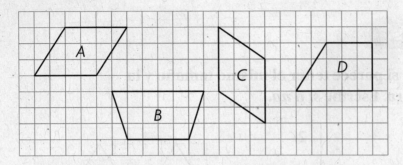

(A) A y B   (C) B y D

(B) B y C   (D) A y C

10. El escritorio de Trey mide 3 pies de ancho. ¿Cuántas pulgadas de ancho mide el escritorio?

(A) 3 pulgadas   (C) 36 pulgadas

(B) 24 pulgadas   (D) 48 pulgadas

11. Juana necesita 2 metros de estambre para hacer una pulsera de la amistad. ¿Cuántos centímetros de estambre necesita?

(A) 2,000 centímetros   (C) 20 centímetros

(B) 200 centímetros   (D) 2 centímetros

12. Lara preparó 3 cuartos de sopa. ¿Cuántas pintas de sopa preparó?

(A) 6 pintas   (C) 18 pintas

(B) 12 pintas   (D) 24 pintas

13. ¿Qué objeto pesa alrededor de 1 onza?

(A) una barra de pan   (C) una fresa

(B) una sandía   (D) una silla